JN284886

新しい事例検討法
# PCAGIP入門
ピカジップ

パーソン・センタード・アプローチの視点から

村山正治・中田行重 編著

創元社

# まえがき

　PCAGIP法は、対人援助職のための新しい事例検討の方法である。ここでいう"対人援助職"とは教育、保育、福祉、医療、看護、司法をはじめ、さまざまなカウンセリング、心理臨床、就職支援、その他の産業に関する領域や矯正領域、NPO、ボランティア活動など、幅広い領域にまたがっている。つまり、「その人のために」「その人が仕事をしやすいように」「その人が早く治るように」「その人が成長するように」などと思って関わることは、必ずしも援助を目的としないさまざまな職種においても、日々おこなわれている。その関わりにおいて、思ったように効果が上がらないとき、「自分のやり方のどこが悪いのだろうか？」「多くの問題を抱える人を相手にしているからなのか？」「職場全体の雰囲気が悪いのではないか？」などと思い悩むことは、この領域の仕事に就いた人に限らず、誰もが何度も経験することだろう。
　その場合、上司や同僚、家族などに相談する人もいるだろう。しかし、上司や同僚、家族に言えない、ということも少なくないだろう。いや、意外にそのような人は多い。職場の同僚や家族は身近な存在であるために、逆に相談しにくいのである。それどころか、職場には相談役とアドバイザーなどの立場の人がいるのに相談できないということさえ少なくない。自分なりの工夫もうまくいかず、相談もできず、酒を飲んでも愚痴っても、結局解決は見えてこないということがある。
　心理臨床では、相談に来られた方に対するカウンセリングをおこなった場合、「スーパービジョン」といって、その経過や相手に対する態度や方法に関してベテランの先生から個人で指導を受ける。それを通じて、ケースワークがうまくいくこと、そして、指導を受けたカウンセラーの実務者としての腕を上げることを目指している。また、ある人のスーパービジョンを集団の中でおこない、参加した人たちも勉強する「集団ス

ーパービジョン」というスタイルもずっとおこなわれている。集団スーパービジョンは、「ケース・カンファレンス」と呼ばれることもある。本来、ケース・カンファレンスは援助職の集まる会議で、当該の事例について関連の担当者が意見を交わしながら事例への対応を検討するものである。指導を兼ねておこなうケース・カンファレンスが集団スーパービジョンである。

　スーパービジョンは歴史も長く、心理臨床の訓練の一環として世界的にも広くおこなわれている。しかし、それだけでは十分ではない。たとえば、スーパービジョンの場で指導を受けるほどのことではないような小さな、しかし気になることはたくさんある。また、スーパービジョンの指導者（スーパーバイザー）との相性がよくない、などの場合もある。そして、なんといっても問題なのは、スーパービジョンを受けるとスーパーバイザーの助言がすべて正しいと思い込んでしまって、自分で考える力がつきにくいことである。つまり、教えることは、教えられる側を受け身にする。

　ところで、心理臨床ではじっくり時間をかけてスーパービジョンをおこなうのが慣例だが、他の援助職では自分の取り組んでいる事例に「どのように対応したらよいかわからない」とか「こちらのほうがノイローゼになりそうだ」と思ったりしても、じっくりと時間をとって事例の検討ができないこともあるだろうし、事例検討などという発想そのものをもたない職種もあるだろう。また、スーパービジョンあるいはケース・カンファレンスをおこなうにしても、助言をもらうばかりでは、なかなか対人援助職としての成長が見込めないということもある。

　対人援助職が自分自身で問題解決の糸口を発見したり、新しい視点から事態を眺めたり、あるいは事例対応に行き詰まってもがいている自分自身の感情に付き合えるようになるような事例検討法が、長いあいだ望まれてきた。つまり、対人援助職がエンパワーメントされ、自分で問題を探る視点を身につけ、自分で事例を抱えて対応できるようになることは、言ってみれば単なる事例対応の方法ではなく、その人自身の心理的

成長であるのだが、この心理的成長の視点を基盤にした事例検討の方法が求められてきたのである。

　本書で詳述するPCAGIP法は、そのためにおこなうグループによる事例検討法であるが、参加メンバー一人ひとりがもっている知恵が自然に浮かび上がり、グループメンバー間の相互作用から、事例提供者に役立つヒントを生み出す新しい方法として開発してきたものである。これは従来の集団スーパービジョン／ケース・カンファレンスのように、ある問題に対して１人の"大先生"が答えを述べるのではなく、グループ参加者それぞれがその問題に没入し、共に考えながら、"１つずつ質問する"という形でその事例提供者に対して関わり、事例提供者の内面で気づきや洞察が起こることを促すものである。参加者間に醸成されたコミュニティ感覚の中で、参加者が体験的・自律的に答えを発見する、という点で新しい方法であり、形式がシンプルなぶん、応用範囲も広い。

　まだ考案されて日が浅いが、すでに各地の研修で活用され始めた。予想以上の反響があり、体系化した方法や具体的なやり方を学びたいという声に対応できるようにと、本書を上梓することにした。本書は心理臨床の研修として長いあいだおこなわれてきた集団スーパービジョン／ケース・カンファレンスとは異なる発想の事例検討法としてPCAGIP法を紹介するものである。本書ではそれらとの違いを明確にし、適用可能性の広さが感じられるようにと書いたつもりである。したがって、事例検討の方法として従来のスーパービジョンや臨床心理士教育に限界を感じている方や、実践の方法として個人心理臨床だけではやっていけないと感じている領域（学校や産業、福祉など）の専門家に読んでいただきたい。また、本書の中に出てくるように、学校現場の教師や企業の管理職などにも効果があることが経験的にわかってきた。その他の対人援助職の人々であっても十分活用できるという感触を経験的に積み重ねてきている。そこから、教育、保育、福祉、医療、看護、司法、就職支援、産業、NPO、ボランティアなど、幅広い領域にまたがって活用が可能であると考えているので、そのような方々に手に取っていただき、参考にし

ていただけたらありがたい。

　第1部は理論編として、PCAGIP法の基本的な考え方やこれまでの実践から学んだことを書いている。

　第2部は実践編として、PCAGIP法の実践例を感想を中心に考察したものが2つ、学校現場の教師や企業管理職への実践について書いている。また、コラムとして、"当事者研究サポート・グループ"という、PCAGIP法に似ているが異なる経緯をもつグループ・アプローチについて、その考案者である押江隆氏に、また、PCAGIP法を利用した新しい当事者研究を開発した樋渡孝徳氏にも書いてもらった。

　第3部は、これまでPCAGIP法を実際に実践、体験した人の体験や感想をエッセイ風に書いてもらった。特に体験記4は、2011年の日本心理臨床学会大会での自主シンポジウムにおける筆者の公開デモンストレーション体験を振り返り、フォーカシング、PCA、教育などについてフォーカシング指向心理療法の立場に立つ東京フォーカシング指向心理療法研究会によるPCAGIP法についての興味深い考察である。

　最後の「村山正治　心理臨床について語る」は、筆者が自分自身の教育観、心理臨床観などを座談会の場で語ったものである。PCAGIP法につながる考え方を述べているので、気楽な読み物として読んでいただけたらありがたい。

　なお、本書では、できるだけPCAGIP法の具体的な様子を伝えたいと考える一方で、個人情報の保護のために個人が特定できるような事例提示はおこなっていない。最終的に掲載したのは、これまで筆者がファシリテーターとなっておこなった、臨床心理を専攻する大学院生諸君のためのPCAGIP法の事例（第5〜6章）が中心となっている。読者のみなさんには、その点ご容赦をお願いしたい。

　平成24年5月3日

　　　　　　　　　　　　　　　　　　　　　　　　　村山正治

# 目　次

まえがき　村山正治　003

## 第1部　理論編——PCAGIP法とは

- 第1章　PCAGIP法とは何か　村山正治　012
- 第2章　PCAGIP法の手順とポイント　村山正治　022
- 第3章　PCAGIP法開発の経緯　村山正治　034
- 第4章　PCAGIP法の論理　中田行重　042

## 第2部　実践編——PCAGIP法の実践

- 第5章　大学院生への実践（I）　村山正治　050
- 第6章　大学院生への実践（II）　村山正治　072
- 第7章　PCAGIP法の教師への実践　渡辺　隆　090
- 第8章　企業管理職のためのPCAGIP法を用いた事例検討　中田行重　098
- コラム　「当事者研究サポート・グループ」の可能性　押江　隆　108
- コラム　PCAGIP法を用いた当事者研究　樋渡孝徳　112

## 第3部 PCAGIP体験記

**体験記1** 心理臨床ケース・カンファレンスとPCAGIP法
　　　　──九州産業大学における実践を中心に　　森川友子　118

**体験記2** 職場でおこなうPCAGIP法
　　　　──ワークショップ開催経験から見たPCAGIP法の可能性
　　　　　　　　　　　　　　　　　　　　　　　　成田有子　124

**体験記3** ワークショップ開催経験から見たPCAGIP法の魅力
　　　　　　　　　　　　　　　　　　　　　　　　浦野俊美　130

**体験記4** PCAGIP法とフォーカシング
　　　　　　　　　　　　　　　　　　　日笠摩子・小坂淑子　134

## 第4部　講　演

村山正治　心理臨床について語る──教育、研究、心理療法
　　　　　　　　　　　　　　　　　　　　　　　　村山正治　150

文　献　168
あとがき　中田行重　172

# 新しい事例検討法 PCAGIP入門

パーソン・センタード・アプローチの視点から

#  第 1 部
理論編——PCAGIP法とは

# 第1章

# PCAGIP法とは何か

村山正治

## 1．PCAGIP法の定義

　PCAGIP法とは、事例提供者が簡単な事例資料を提供し、ファシリテーターと参加者が安全な雰囲気の中で、その相互作用を通じて参加者の力を最大限に引き出し、参加者の知恵と経験から、事例提供者に役立つ新しい取り組みの方向や具体策のヒントを見いだしていくプロセスを共にするグループ体験である。

## 2．PCA（Person-Centered Approach）の基本仮説

　アメリカの心理学界で最も大きな影響力をもつと言われた心理学者ロジャーズ（Rogers, C. R. 1902-1987）は、精神分析や指示的カウンセリング全盛の時代にまったく新しい考え方の心理療法・カウンセリングを始めた。これは、それまでの心理療法の基本的なパラダイムを革命的に変換することになった。すなわち、ロジャーズ以前の考え方では、心理療法家（精神分析家／指示的カウンセラー）は患者あるいはクライエントの問題や症状の背後にある課題や無意識的力動をよく知っていて、それを

もとに治療（援助）行為をおこなうと考えられていた。ところが、ロジャーズは"クライエントこそが問題解決の主人公である"という考え方のカウンセリング理論を世に出してきた。60年以上も前のことである（Rogers, 1951）。

"問題解決の主人公がクライエントである"とはどういうことか？ロジャーズの考えの中心には"個人の内部に自己理解や自己概念、基本的な態度、自発的な行動変化をさせていくための大きな資源が内在している"という考え方があった。つまり、その資源を最大限に活かすのはカウンセラーではない。カウンセラーが「ああしなさい、こうしなさい」と助言するのでも、「このクライエントの無意識下にはこのような心理が働いているのだ」と判断するのでもない。クライエントを変えていく力（資源）はクライエントの中に内在していると考えるのである。それは、自己実現していこうとする、クライエントの中に潜在する力である。

その自己実現しようとする力は、"カウンセラーの心理学的に**定義可能な**促進的態度に出会うと出現してくる"という考え方がある。これは、カウンセラーがクライエントの性格や行動を変化させたり治したりするのではない、ということである。カウンセラーがおこなうことはクライエントに内在する力（資源）が出現するべく促進的な態度をもつ、ということで、カウンセラーが権威者として治療場面を仕切っている図柄とはまったく逆の、その人を中心に置いたアプローチである。これを英語でPerson-Centered Approach（パーソン・センタード・アプローチ）と言うのはそのためである。これを、世界的にもわが国でも頭文字だけをとって、通称"PCA"すなわち"ピーシーエー"と呼んでいる。

なお、"**定義可能な**"促進的態度とは、いわゆる共感的理解、無条件の肯定的関心（受容）、自己一致（純粋性）という3条件がよく知られている（Rogers, 1957）。"定義可能な"というややかたい表現であるが、この言い方はロジャーズの科学者としての面を示している。つまり、名人のようなカウンセラーがいたとしても、それではその人一代限りの名人芸で終わってしまう。いわゆる"名人"でなくても、カウンセラーに

あるべき態度が備わっていることで、クライエントが自身に内在する資源を活かしてよりよい方向に変化できるように援助したい。そのために、カウンセラーがどのような態度をもつべきかをロジャーズは定義した。それによって、"名人"でなくても普通の人でも、よいカウンセリングをおこなうことができることを目指し、再現可能な条件を定義しようとしたのである。これら3条件（共感的理解、無条件の肯定的関心、自己一致）や思想については、その解説書（たとえば佐治・飯長、2011）やロジャーズ自身の論文の中でもエッセンスを集めたもの（Kirschenbaum & Henderson, 1989）を読んでいただくと、もう少し詳しく学ぶことができる。

　ところで、ロジャーズがその促進的態度の3条件を定義したということは、また大きな意味をもっている。この促進的態度は人に対する心理的な心構えのようなものであって、何も高度な学問的知識をもった専門カウンセラーでなくても可能である、ということである。ロジャーズは後年、エンカウンター・グループというグループ・アプローチを一般市民に対して熱心におこなうようになったが、そこでも、ファシリテーターに素人を起用している（Rogers, 1970）。

## 3．これらの仮説を生かすカンファレンスの構造は何か

　このように、PCAの個人カウンセリングは、"クライエントが主役"で、セラピストはいわゆる3条件を提供する関係の中で、"クライエントの、自己実現する成長の力を援助し、変化していくのを促進する"と考える。このモデルをグループ・アプローチに応用したのが、エンカウンター・グループである。

　このPCAの考え方を心理臨床の訓練に用いられないかと考え、スーパービジョンやカンファレンスに援用して開発したのが"PCAGIP法"である。PCAGIP法は通称"ピカジップ法"と呼ばれている。

　PCAの考え方を心理臨床の訓練に用いたものとしては、英国のいくつ

かの大学におけるラージ・グループがある（Mearns, 1994）。これはエンカウンター・グループが10人前後から成るグループであるのに対して、40人とか50人、あるいはそれ以上の大きな人数の参加によるグループのことを指す。これにカウンセラーの資格取得のコースに入ってきた学生が毎週、全員で参加するのである。大変厳しい自己省察の時間になるらしく、カウンセラーに向かないと気がついてコースを辞めていく人もいるという。しかし、ラージ・グループは自己省察のためのものであり、ケースワークという実務に直接絡むものではない。

　その点、PCAGIP法は、これまでおこなわれてきた集団スーパービジョンあるいはケース・カンファレンス（以後、これらをまとめてケース・カンファレンスと呼ぶ）という、もっぱら助言・コメントを受けることが中心の、実務の技能向上のための指導に対して、PCAの考え方を援用するというグループ体験である。つまり、事例を担当する比較的経験の浅い人（浅くない人がおこなうこともある）が、経験豊富な指導者から助言を受けて学ぶのではなく、自分自身でその事例を扱っていくための力（資源）が発現するように、グループ参加者やファシリテーター全体が関わるのである。グループ参加者も、偉い指導者のお説を拝聴するのではなく、その場で事例を提供・報告する人（事例提供者という）が、実際のケースワークにおいて力を発揮できるようにと、知恵を絞って質問をするのである。

## 4．PCAGIP法の魅力・新しい視点

### ■1 「事例」が主役でなく「事例提供者」が主役

　事例提供者が、「事例を提出してよかった」と元気になることが大切である。事例検討は事例提供者の養成訓練が目的である。従来のケース・カンファレンスでは、主役は事例提供者の「事例」である。だから、「事例」に対する対応の仕方が中心になるので、事例提供者の見立て、

スキル、態度などへの批判が避けられない。また、複数の教員が参加する場合には、その事例を見立てる視点をめぐって、教員の拠って立つ心理療法論の立場の違いで、教員相互の理論闘争の場になってしまうこともある。こうなると事例提供者は置き去りにされてしまうことになる。そうではなくPCAのモデルでは、その事例提供者が成長することを援助するのである。

### 2 カンファレンスの場をコミュニティとみなす

　従来の心理臨床のケース・カンファレンスの場は事例提供者、指導者／コメンター、そして参加者で構成される。従来の事例検討の場では事例提供者とコメンターの2人が主役で、残りの人は傍観者、観察者になっている。PCAGIP法では、参加者全員が事例検討の参加者である（第2章の「金魚と金魚鉢方式」を参照）。観察者を置かないのである。

　PCAGIP法では、従来のケース・カンファレンスにおける指導者／コメンターにあたる立場の人（教員、経験豊かな指導者）はいない。指導者／コメンターの代わりにいるのは、あくまでもその事例提供者と参加者の全員が関与し、それぞれの資源が活かされ、成長が起こるようにと場をしつらえるファシリテーターである。

### 3 参加者はリサーチ・パートナーとみなす

　また、従来のケース・カンファレンスでは、参加者は、事例提供者に対するコメンターの先生の話を聞きにくる研修受講者であった。しかし、PCAGIP法での参加者はリサーチ・パートナーである。同じ研究テーマに共同で取り組む仲間である。したがって、研修受講者のように受け身的な学習をするのではなく、同じチームの一員として積極的に研究テーマに取り組む。これは、そのような意識で取り組んでほしいとファシリテーターが参加者に言葉にして伝えることもあるし、ファシリテーター

がそのような場の雰囲気をつくることもある。研究テーマとなるのは、事例提供者が担当するクライエント（あるいは患者、生徒、部下など）がどのような人かとか、どのような精神病理を抱えているのか、ということではない。もちろん、そのようなことが話題になることもあるが、最終的には、そのような相手に対して自分（事例提供者）がどのように関わったらいいのかということがテーマになることが多い。

### 4 「エンカウンター・グループ体験の場」とみなす

　PCAGIP法では、その場のもつ安全感を大事にする。安全な場だからこそ自分を自由に表出でき、それが互いの発想を豊かにし、感じ方をシャープにする。これは、エンカウンター・グループと同じ体験である。したがって、従来のケース・カンファレンスのように、事例提供者とコメンターの2人のやりとりを、参加者が取り巻いて観察するのではない。その場にいる全員がその場にとって重要な構成メンバーであり、それぞれがそれぞれのあり方で場に関与し、それぞれの考え方や感じ方が大事にされる。そうやって進むプロセスは、単にグループの一人ひとりが意見を言うプロセスとは、安全感や体験の質が大きく異なる。

### 5 多様な視点が生まれてくる

　そのようなグループの雰囲気からは、自由で個性豊かな視点がそれぞれの参加者から表出され、1つの事例にこんなにも視点があるのかと、事例提供者はもちろんのこと、ファシリテーターや参加者にも感じられる。それぞれの考え方や感じ方が大事にされるからこそ、このような体験になるのであるが、それが順に表出されていくと多様な視点に連想がつながり、さらに新たな視点が生まれてくる。PCAGIP法は、そのようにして多様な視点が生成する現場であり、その構成メンバーそれぞれがその生成の主体である。

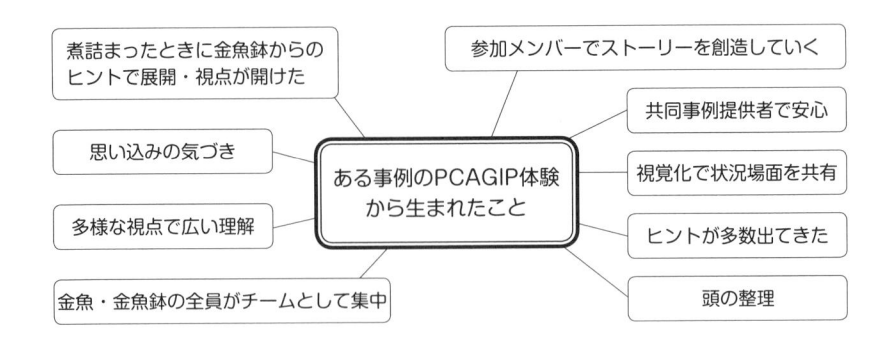

第1部　理論編──PCAGIP法とは

```
                 参加メンバーでストーリーを創造していく
煮詰まったときに金魚鉢からの
ヒントで展開・視点が開けた
                                    共同事例提供者で安心
  思い込みの気づき      ある事例のPCAGIP体験
                       から生まれたこと      視覚化で状況場面を共有
  多様な視点で広い理解                       ヒントが多数出てきた

  金魚・金魚鉢の全員がチームとして集中          頭の整理
```

## ◾️6 結論は出なくてよく、ヒントが出れば十分である

これには2つの理由がある。

(a) もともと事例検討に結論などないのではないか。たくさんの可能性が見えるだけである。これまでのケース・カンファレンスでは、それを無理にコメンターの拠って立つ理論でまとめてしまい、それが結論と言われてきたのではないか。

(b) 事例提供者の引き出しを増やすことがねらいである。そうすることで事例提供者が元気になる。参加した院生の感想の中に必ずといっていいほど「問題解決はしなかったが」と書いてあるものがある。しかし心理臨床でも、クライエントとともに解決の方向を探るのがカウンセリングである。"専門家が解決してやることがカウンセリングだ"と思っている院生が多いのに驚くことがある。

## ◾️7 板書記録による情報の可視化と共有化

これはエンカウンター・グループや従来のケース・カンファレンスにはないPCAGIP法独自のものである（詳しい手順については、次章を参照されたい）。記録者を置いて事例提供者と参加者とのやりとりから出た質問のポイントを黒板やホワイトボードに記録することは、筆者の想像以

018

上にこの方法の有効性を高めることに役立っている。なぜか？

　PCAGIP法では事例検討中は、参加者の内面的参加度を高めるために、メモや記録をとらないことをルールとして設定している。板書記録によって質問内容や情報が可視化されるため、参加者全員に情報が共有されるし、展開過程が理解され、事例全体の構図が展望できることは、参加者の発言を刺激することに役立つ。時に、質問内容が絵で表現されることがある。たとえば「そのクライエントはどんな感じですか」の質問に、事例提供者が絵ないし図で表現してくれて、状況理解が一段と進んだ例もあった。このように板書は文字情報に限らないところが面白いところである。状況の図解はとても役立つ情報である。ただし図を描くのは必ずしも記録者ではなく、絵の得意な参加者や事例提供者が必要に応じてでよい。

## 8 参加者みんなでつくる事例物語

　こうして、参加者みんなによって、参加者それぞれの中に事例の物語が次第にでき上がってくる。これは、"客観的な情報に基づく正しい診断・理解"とは異なる質のものである。しかし、いくら客観的に情報を検討したところで（それを100％おこなうことは本来不可能であるが）、もし、それによって事例提供者が事例を担当するやる気を失くすようなら、何のために事例検討をしていることになるだろうか？　PCAGIP法が狙っているのは、事例提供者が元気になることである。そのために、客観性よりは「自分の事例を共有してもらった」という体験が重要になるのである。

　PCAGIP法は、参加者全員で事例をつくり上げるプロセスである。従来の事例検討の特徴が、事例提供者が1人でストーリーをつくり上げていることとすれば、対照的にPCAGIP法では、質問と応答、整理を通じて全員でストーリーをつくり上げるので、一体感、参加感、充実感がある。ここから事例提供者が予想もしない多様な視点が出てきて、それが

事例提供者にとって新鮮なヒントになることが多い。これはPCAGIP法をやってみて初めてわかった面白さであった。

## ❾ 事例提供者の事例をめぐる援助ネットワーク図が生まれる

　事例提供者が事例を出す動機は、今やっているカウンセリングの意味ないしは自分の役割がこれでいいのか、という課題にぶつかっていることが多い。これに対して、PCAGIP法を実施してわかってきたことの１つが次のことである。

　クライエントは通常、事例提供者であるカウンセラーだけでなく、さまざまな援助者の支援を受けていることが多い。特に長期間にわたっている事例ほどその事実が見られる。そのことが、PCAGIP法による事例の検討を通して見えてくる。カウンセラーは援助者として自分だけが援助していると思っていることが多い。実際にはクライエントがさまざまなところから援助を受けているにもかかわらず、唯一の援助者であると思い込みがちなカウンセラーは――特に日本の文化においては――、通常、援助者相互の連絡をとらないことが多い。ところが、PCAGIP法による事例検討によって、クライエントにはカウンセラー以外にも援助者がいることが見えてきて、その援助者ネットワークの中でカウンセラーたる自分の果たす役割が明確になると、安心して自分の守備範囲の中で支援できるようになる。つまり、クライエントサイドから見た自分の支援上の役割が明確になることによって、クライエントを援助することに過剰な負担を感じていたことに気づくのである。

　この役割機能の明確化は、PCAGIP法の最も重要な効用の１つかもしれない。クライエントは、「これはこの人にお願いしよう」「そちらの件は、あの人に甘えてみよう」などと、援助を求める対象を内容によって区分けしているのである。これはクライエントの主観的な体験世界における援助ネットワーク図であって、いわゆるお役所が考えるような専門機関による連携ネットワークとはまた異なるものである。つまり、カウ

ンセラーが「自分は役に立っていないのではないか」と思い悩んでいるときに、クライエントは、どのような援助をどのように得るのが今の自分にとって最もいいのかを知っていて、その全体像が見えるのでカウンセラーは十分にクライエントのニーズに応えていることが見えてくることがあるのだ。

　実はクライエント個人の主観的な視点から見た援助について言及しているのは、ロジャーズだけである。彼は、"クライエントのことはクライエント自身が最もよく知っている""カウンセリングがうまくいくとき、クライエントは自分が今後抱えていくべきテーマを発見する"と考えており、"カウンセラーが解決する"という発想はない。これが、ロジャーズの理論と他の多くの心理臨床の理論との大きく異なる点である。

　PCAGIP法は、心理臨床の理論枠にこだわらない、参加者個々の感じ方からの探求をおこなうものである。PCAGIP法を実施することによって、まさに当事者であるクライエントが自ら生きていくために組んだ自分に役立つネットワークを、援助者であるカウンセラーが発見し、そこから援助のあり方を探るという事例検討が可能であり、有用であることがわかってきた。これは、従来の心理臨床の視点とはまったく異なる新しい視点である。

　こうした私の考えに味方を得たような感じがしたのは、神田橋條治（2011）のスーパービジョン論である。

　彼によると、公開スーパービジョンでは、第一はリポーターを守り支えること、2番目に聴衆つまり時間と空間を共有している人に役立つこと、3番目に事例に登場する人物、を大切にする、としている。理由は明快である。彼によると、「患者は自分自身を治療しているのであり、ボクは対話を通して患者の自己精神療法のスーパービジョンをしている」のである。この図式は、PCAGIPの図式と大変共通点がある。

# 第2章

# PCAGIP法の手順とポイント

村山正治

　本章では、PCAGIP法の具体的な進め方の手順と留意すべき点などについて、順を追って述べていくことにする。

## 1．PCAGIP法の基本姿勢

①参加者が中心でつくっていくこと。
②参加者から出される多様な視点を学べること。
③参加者の相互啓発プロセスであること（エンカウンター・グループからのヒントである）。
④参加者とファシリテーターは共創であり、参加者を「リサーチ・パートナー」とみなすこと。
⑤はっきりとした結論が出なくてもよいこと（事例提供者にヒントが生まれてくることが大切である）。

## 2．PCAGIP法の適用範囲

　PCAGIP法では、事例提供者を第一優先に考えるので、現段階では、

従来の治療法のように病理水準によって適用範囲を細かく規定する必要はないと考えている。

　これまでも、事例提供者から出された事例は、統合失調圏、うつ病圏、神経症圏、不登校、家出、会社員、公務員、教師など多様であったが、事例提供者にはそれなりにヒントが出てきている。むしろ大事なのは、事例提供者が、提出した事例の解決や取り組みにどれだけ必要性を感じているかである。

## 3．PCAGIP法のプロセス

①事例提供者と事例の状況を徹底して理解する。理解を深めるため、提供された資料について参加者は自由に質問し、その事例をめぐる全体状況を共有する。
②事例提供者の資料を多様な視点から理解し、参加者が共有することにより、事例の理解を広げる。
③こうした多様な視点をもとに、事例提供者と事例を取りまく全体状況図（ピカ〔PCA〕支援ネット図）が見えてくる。
④生まれてきた全体状況図に基づき、援助、指導の見通しが見えてくる。
⑤内容にもよるが、1つの事例資料におよそ90〜120分程度必要である。

## 4．実際の実施手順

### 1 準備段階

①ファシリテーターは1人である。
②記録者は2人である。
③メンバーが8人程度のグループを編成する。

④事例提供者を参加者から1人選ぶ。
⑤黒板（ホワイトボード）を2枚用意する。
⑥メンバーの人数分の事例資料を用意する。
⑦参加者全員は黒板（ホワイトボード）が見えるように、黒板（ホワイトボード）を囲む円陣をつくる。

ただし、これは1つの例に過ぎず、さまざまなバリエーションがある。たとえば、ファシリテーターが2人であってもよいし、ファシリテーターが記録者を兼ねることがあってもよい。グループ参加者がもっと多いこともある。多い場合については、後述する"金魚鉢方式"を参照していただきたい（30ページ）。

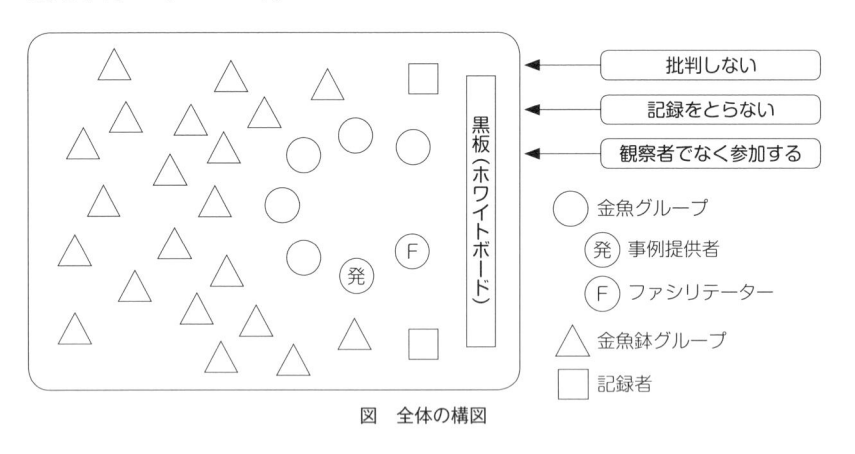

図　全体の構図

## 2　3段階ステップの構成

実施方法は、以下の3段階ステップで構成しているが、実際には、第1ステップが中心である。

### 第1ステップ

参加者に、事例提供者とその事例をめぐる状況を理解することに徹してもらう。**事例提供者のやり方を、絶対「批判しない」ことがポイント**

である。ここをきっちりと守ることがファシリテーターの大切な役割である。

第2ステップ
　全体状況図ができたら、援助、指導の見通しが見えてくる。第1ステップで共有できた事例のイメージや抱えている問題について、参加者各自が必要な援助、指導などについて意見を述べる。どんな反応が予想されるか、影響があるかを考える。

第3ステップ
　実際の関わりをイメージする。具体的な方法を実行するときの方法を考え、実行するとき、どんな立場でどう関わればよいか、別の誰が実行すればよいかなど検討する。

## 3 実施方法とプロセス

　第1ステップは以下のような手順でおこなわれる。

第1ラウンド
①事例提供者が事例資料（Ｂ５用紙1枚、5行程度）を見ながら説明する。事例を提出した目的、**何を得たいのか、自分は何を求めるのか**をごく簡単に述べる。
②参加者は事例提供者と事例の状況を理解するために質問していく。
　参加者は事例提供者の話を聞いて、その事例のイメージを明確にしていくために、わからないこと、確かめたいこと、気になることを事例提供者に質問し、事例提供者はその質問に答える。
③質問は一人ずつ順番を決めておこない、順番にしたがって、全員の質問が1〜2巡するまでを「第1ラウンド」と呼ぶ。
　　はじめは、質問者は1問だけ尋ねる。**1問ずつが原則**。これを村山

は、野球の4球出塁になぞらえ、「4球方式」と呼んでいる。順番に必ず全員発言するという意味で、一人ひとりが安心して自分の番に発言できるようにするための工夫である。

④記録者が質問とその反応を黒板（ホワイトボード）に書く。参加者全員が情報を視覚的に眺めて共有するためである。これを「情報の可視化」という。

⑤**参加者が記録やメモをとることを禁止する。**参加者はグループ・プロセスに主体的に参加することが大切（参加者として"発言する"ことを大切にする）。

⑥1時間ほど経過して、質問と回答が出揃ったところで、ファシリテーターは事例提供者と事例をめぐる状況について共有事実や状況を整理する。

### 第2ラウンド

⑦第2ラウンドになると、参加者の構えがとれて、新鮮で面白い質問が出てくる。そうなると事例提供者も質問にないことまで話したくなるので、いろいろな情報が提供されてくる。

「ピカ支援ネット図」の細かい部分がさらに詳しくなり、部分間の重要なつながりがくっきりと見えるようになると、重要な点がより明確になり、密度の濃いピカ支援ネット図ができてくる。そこから、おのずと事例提供者に支援の位置とその方向が見えるような全体像が参加者に共有されてくる。事例提供者や参加者にさまざまな気づきが起こることが多い。このプロセスが、「第1ステップ」の終了時である。

⑧ファシリテーターは、補足質問などの機会をつくる。記録者にも質問の機会をつくる。

⑨ファシリテーターは生まれてきたピカ支援ネット図全体を整理して、参加者と共有する。

クロージング
⑩ファシリテーターは、事例提供者に、この時間全体で体験したこと、感じたこと、得られたヒント、感想などを述べる機会をつくる。
⑪全体が済んだところで、事例提供者、記録者、参加者全員に感謝し、終了する。

原則、第2ステップ以降は実施しなくてよい。しかし、事例提供者の求めで、第2ステップ、第3ステップを実施することもある。

## 5．事例提供までの留意点と意義

### 1 事前課題を提出しておくことの意味

　研修会などの時は、事前課題として、自分が担当している事例の中でPCAGIP法で検討してもらいたい事例を、必ず受講者全員にレポートとして提出してもらうことにしている。これまでの経験では、全員提出してくれることがほとんどである。ただ提出が少ない場合は、この方法と従来の「事例検討」は同じものである、という勘違いをしているためであることが多い。従来の事例検討は事例提供者を被告にしてしまうことが多く、その苦い体験から事例を出し渋る人、「適切な事例がない」と提出しない人が多くなる。
　事前課題で提出してもらった事例の中から、PCAGIP法のテーマとしていくつかの事例をファシリテーターが選ぶのであるが、事前課題をおこなっておくことで、自分の事例を選んでもらえなくても、自分自身のテーマを言語化してモチベーションを高めるという意味がある。その分、他の人の提供する事例に対してリサーチ・パートナーとして積極的に考えることになり、また他人の事例であっても自分自身について考える"PCAGIP体験"になることが多い。その場の雰囲気によっては事例提供

者を参加者間の話し合いで決めることもあるが、それでよいかどうかはファシリテーターの慎重な判断が必要である。

## 2 事例資料の特徴

　PCAGIP法の事例提供のやり方の利点の1つは、あらかじめ参加者に提供される事例の情報が少ないことである。また、いわゆる"事例検討"のためのフォーマット（主訴、家族関係、病歴など、定式化された情報の枠組み）にこだわらず、事例提供者にとっての主観的な思いを中心にしてかなり自由に書けることも、もう1つの利点である。これらは、詳しい事例経過の提供を求められる通常の事例検討と異なる点である。そのため、PCAGIP法における参加者からの質問が、事例提供者が考えもしなかったような内容に触れることも多々あって、そのことが事例を検討するための自由で幅広い視点を提供することになる。また、事例資料のための自分の事前準備の時間が少なくて済み、現場の仕事に支障をきたさずおこなえるということも、もう1つの利点である。

## 3 事例提供者の決定

　PCAGIP法をおこなうケース・カンファレンスの設定（研修会、事例検討会、授業、参加人数、時間など）によって、その場に相応しい事例提供者を決定する。事前課題のレポートを見て、①内容的にあるいは言語化の程度によって参加者が共有しやすい事例を選んだり、②PCAGIP法の特徴でもある自由な視点に基づく質問をしやすくするために、情報が少ない事例を選択することもある。③ぜひ事例を検討してもらいたいという提供者の熱意と必要度を最優先にするようになってきている。

## 6．記録者の選び方と記録の書き方

①参加者に記録者の役割を説明して、希望を募る。
②原則として2人選ぶこと。初めての作業の場合も多いので、記録を書くことに戸惑いもある。2人で相談しながらの共同作業のほうがうまくいきやすい。
③事例をめぐる話し合いの内容をメンバー全員に情報共有し、可視化するため、記録者は黒板（ホワイトボード）に質問と応答のたびに記録していく。結構な量になるので、通常、黒板（ホワイトボード）を2枚用意することが多い。
④記録の書き方については、原則として記録者に任せ、細かい書き方の規則はつくらない。記録の書き方について記録者になった人から質問が出ることもあるが、ファシリテーターとしては「すぐ慣れるので、自分が書きやすいように書いてください」と答えるとよい。
⑤記録をとり始めて10分ぐらいは戸惑いがあるが、後は相談しながら2人の創意と工夫に任せるほうがうまくいくことが多い。
⑥記録者が困っているときは、ファシリテーターが助言する。特に初期段階は助言が有効であることが多い。
⑦最近は、黒板（ホワイトボード）の中央に対象事例者の頭文字のアルファベット、たとえば「A」を書いておくことにしている。ピカ支援ネット図は自然にでき上がることも多いが、意図してそのようなものをつくろうと考えておくと、まとまりやすいことも多い。

　なお、「グランドルール」でもあるが、PCAGIP法では参加者はセッション中にメモをとらないことになっている。メモをとることは個人別の作業であるのに対し、PCAGIP法の記録者によって可視化されたものを全員で眺め、それをもとに検討することは、その場の状況そのものが同じテーマを共有するコミュニティ体験である。

## 7．金魚と金魚鉢方式

　"金魚鉢方式"とは、参加者が30～200人など大勢いるときにおこなうやり方である。本章の図と第6章の図（73ページ）を参照いただきたい。質問する参加者と事例提供者とファシリテーターからなるグループを"金魚グループ"と呼び、金魚グループを取り囲んでその展開を見守りながら参加してもらう他のグループを"金魚鉢グループ"と呼んでいる。この方式を使うと、参加者が500人でも実施可能である。

　"金魚鉢"という名称の由来は、外国で、大人数の中で1つのグループが実演をおこなうのを「フィッシュボウルアプローチ」と呼んでいたことによる。英語辞典では、金魚鉢とは、全体が透明で中が透き通って見えるという意味である。

　ポイントは、"金魚鉢グループ"もオブザーバーではなく、参加者であると考えることである。

　"金魚グループ"の発言が一段落した後、"金魚鉢グループ"に発言を求めることが多い。意外と"金魚グループ"から生まれてこない視点が出てくることが多い。その意味で貴重な資源である。"金魚鉢グループ"への発言を求めることを、あらかじめ事前にアナウンスしておくことも大切である。

## 8．PCAGIP法におけるファシリテーターの役割

①みんなでつくり上げていくという体験になるように、ファシリテーターが場の雰囲気をしつらえる。
②多様な視点が生まれてきて、事例提供者や他の参加者にとって刺激になることを願いながら、ファシリテーターとして発言する。
③安全な雰囲気の中で、表面的な触れ合いから徐々により深いメンバー

間の相互作用が生まれる。そこから予想外の展開が起こることもある。みんなで１つのことを追求していく一体感が生まれ、中核部分に迫る面白さが事例提供者、参加者それぞれに体験されるようにと願いながら、ファシリテーターはその場を促す。

④ **「事例提供者を批判しない」** をグランドルールとして設定する。事例提供をすることになったら、誰でもどきどきしたり、緊張したり、批判されないかと不安に思うものである。人間は、安心できる場でないと十分な自己表現はできないものである。"批判しないというルール"はきわめて重要なルールである。

⑤ **「メモをとらない」** をもう１つのグランドルールとして設定する。参加者が事例提供者と口頭でやりとりすることは、その質問内容がたとえ簡単なことであっても（第１ラウンドの頃はだいたい簡単な質問である）、事実を１つずつ共に確認し合っていくことであり、内容も大事であるが、むしろそのプロセスそのものが内容と同じくらい重要である。このことが、最終的には事例物語を全員でつくり上げていくことにつながるのである。

　メモをとらないことが大事なもう１つの理由は、メモをとる作業は参加者個人がノートの上で自分個人の作業をおこなうことになるためである。つまり、自分にとって重要な発見があったら、みんなで共有するのではなく、自分だけのノートに記録するという作業をおこなっているうちは、「大事な思い付きは自分個人のノートに書いておこう」という個人中心の感覚がその参加者の頭の中を占めてしまい、"共同の作業"という感覚が薄れてしまう。黒板（ホワイトボード）の記録を共に眺めて、視点を言語化して共有するということがコミュニティ感覚を高め、参加者間のコミュニケーションと発想の相互作用がより高まるので、結局、個々の参加者の学びとしてもメモをとるより意義が大きい。

# PCAGIP法　早わかりチャート

## Ⅰ 新しい視点
①基本仮説・PCAの人間観・関係論を尊重する
②事例提供者の自己実現の方向性を大切にする
③カンファレンスの場をコミュニテイとみなす
④カンファレンスの場をエンカウンター・グループの場とみなす
⑤ファシリテーターは事例提供者を含む参加者全員の安心感を高め、相互作用を促進する
⑥参加者は、事例提供者と共同で、解決の方向性を探索するリサーチ・パートナーである
⑦プロセスを尊重する
⑧結論が出なくてもよい。事例提供者のヒントになることが出ればよい

## Ⅱ 定義
事例提供者の提出した簡単な事例資料をもとに、ファシリテーターと参加者が協力して参加者の力を最大限に引き出し、その経験と知恵から事例提供者に役立つ新しい取り組みの方向や具体的ヒントを見いだしていくプロセスを学ぶグループ体験である。

## Ⅲ 構造
①グループは、事例提供者、ファシリテーター、記録者2人、メンバー8人程度で構成する
②情報の可視化と情報共有のための黒板（ホワイトボード）2枚を用意する
③参加者は、全員に黒板（ホワイトボード）が見えるように円陣をつくる

## Ⅳ プロセス
ファシリテーターの場面構成として、次の約束をメンバーに伝える。
①事例提供者を、被告にしない、批判しないこと
②記録をとらないこと

● 第1ラウンド
①事例提供者は、事例を提供した目的、困っていること、どうしたいかを簡単に述べる

②参加者は、事例提供者と事例をめぐる状況を理解するために、事例提供者に質問し、その応答を記録者が黒板（ホワイトボード）に記録する
③発言者は順番を決めて、1人ずつ順番に発言していく。その発言に刺激されて、次の発言者が質問していく連鎖が展開する。2〜3巡程度で、1時間ほど経過する
④ファシリテーターはほどよいところで、黒板（ホワイトボード）の状況を整理する

● 第2ラウンド
①第1ラウンドより事例提供者、参加者間に安心感が出てきて、雰囲気が和らぐ
②情報の整理に伴い、浅い質問から深い質問、事例提供者に関する個人的質問などが出てくる
③ファシリテーターは、多様な見方が出てくるように、自由な雰囲気をつくる
④50分程度で、事例提供者と事例をめぐる状況の全体像が出てくることが多い。これを「ピカ支援ネット図」と呼んでいる。ファシリテーターは、これを整理し、メンバーに伝える。これで事例提供者に必要な方向性が見えてくることが多い

● クロージング
①このピカ支援ネット図をみんなで共有しながら、事例提供者がPCAGIP体験プロセスの感想を述べてもらう機会をつくる。それをみんなで共有して終了する
②時間があれば、参加者各自の感想を述べてもらう

## V 結果
①みんなでつくり上げるプロセスを体験する
②多様な視点が出てきて、事例提供者や事例、状況理解の視点が広まり、深まる
③事例に取り組むヒントが多数生まれてくる
④安全な雰囲気の中で、浅い触れ合いから、深い相互作用が生まれる。予想外の展開が生まれることもある
⑤みんなで1つのことを探求する一体感が生まれ、満足感・充実感が出てくる

● 補足
これでおさまりが悪いときは、第2ステップ、第3ステップを実施することがある。しかし原則は使わないことにしている。

# 第3章

# PCAGIP法開発の経緯

村山正治

## 1．名称の由来

　"PCAGIP"の前半3文字の"PCA"はパーソン・センタード・アプローチ（Person-Centered Approach）を表している。それから"G"はグループ（group）、"IP"はインシデント・プロセス（incident process）の意味である。

　PCAとは米国の心理学者ロジャーズの考案した新しい心理療法・カウンセリングの理論であるが、心理療法・カウンセリングの個人療法だけではなく、グループ体験、教育、産業や対人関係一般など、幅広い領域にも適用される考え方である。ロジャーズは後年、次第にエンカウンター・グループ活動の比重を大きくするようになる。米国カリフォルニアのロジャーズのもとで研究した畠瀬稔氏や筆者は、1970年代前半、新しいエンカウンター・グループを日本に紹介し、筆者は福岡人間関係研究会というエンカウンター・グループを中核活動とするコミュニティをつくった。そこで、仲間に支えられながらさまざまなグループやミニコミ誌の発行、オープンの定例会（これもエンカウンター・グループ）をおこなってきた。日本全体でも盛んに実践され、研究もされるようになった（関心のある方は、人間関係研究会のホームページ〔http://www.

encounter-group.org/〕に現在おこなわれているワークショップの案内が出ているのでご参照いただきたい)。

　ロジャーズらのエンカウンター・グループは、話題を決めずにおこなうため非構成法と呼ばれ、一方日本では国分康孝によってエンカウンター・グループに体験課題を導入するグループ・エンカウンターがおこなわれるようになった。前者を"ベーシック・エンカウンター・グループ"、後者を"構成型エンカウンター・グループ"ともいう。筆者はその両方を40年近くおこなってきたが、参加者サイドの視点からは、グループのタイプをこのように2つに分けることに意味がないと感じるようになり、統合した形として、"PCAグループ（Person-Centered Approach Group）"と呼ぶグループを鎌田道彦、本山智敬、白井祐浩らとともに開発してきている。

　また、インシデント・プロセスとは学校現場でよく利用されている事例検討の方法で、発表者の短い報告に対して参加者が質問をおこない、出来事を確認し、その背景の事実を調べ、問題点を決め、その対応について考えるものである。

　PCAGIP法はPCAグループを事例検討のための基礎グループとして、短い事例資料の提供や段階のステップを踏んで展開するなどのヒントをインシデント・プロセスからいただいたものである。

## 2．開発の経緯——考えたこと

### ❶ スクールカウンセラーが学校現場でできる事例検討法の必要性

　平成7年（1995年）から文部省（現・文部科学省）による国家事業として、公立中学校に臨床心理士が派遣される画期的なスクールカウンセラー事業が開始された。筆者はその事業の展開を推進する学校臨床心理士ワーキンググループの代表をつとめている。毎年レベルアップのた

めの全国研修会を開催し、今年（2012年）で18回目を迎える。スクールカウンセラーの臨床心理士から要望されたことの1つは、「教員研修のための学校現場向けの学校事例検討法」の作成であった。現場教員から「臨床心理士という専門家」からぜひ学びたいと言われてきたことでもある。

　そのような要望が現場教員から出てきたのには理由がある。学校現場の多忙な教員は、日本心理臨床学会で実施されているような、事例研究の資料作成と方法と事例検討の仕方にはなじみにくく、時間的にも無理である。多忙で時間がないので事例資料の準備ができない。資料が準備されても、掲載された情報は指導プロセスや生徒との関係ではなく、欠席状況、家庭状況などが多く、検討しにくい。加えて、現場の教員は日本心理臨床学会のような長時間の事例検討をする必要もない。"検討"より今すぐに役立つ対応のヒントが欲しいのである。こうした状況のため、筆者は臨床心理士による現場向きの新しい事例検討法作成の必要に迫られていたのである。村田観弥（2008）は独自のM式ワークを開発しているなど新しい取り組みも見られる。

## ❷ 学会発表における傷つき体験のフォローから

　河合隼雄は"事例研究"という実践力を養成する新しい研究方法をつくり出した。事例研究という考え方は以前からあったが、河合の考える"事例研究"とは、"1つの事例を検討することによって普遍に通ずる"という理論を基盤として、1つの事例を長時間（2〜3時間）かけてじっくりと検討するという形式であった。1つの事例を深く検討することで見えてくる豊かな世界の探索に多くの心理臨床家は魅了され、学派を超えておこなわれるようになった。これは日本心理臨床学会の研究発表の中心的な研究方法として定着した。実力のある心理臨床家がコメンターとなり、若い心理臨床家を養成訓練する発表形態として大きな意義をもってきた。これによって日本心理学会のように実験やリサーチ中心で

はなく、臨床事例を中心にした発表形態により日本心理臨床学会発展の土台を築いてきた点は、河合氏の業績の１つとして筆者は高く評価している。

ところが、学会での事例研究発表の場が、コメンターとなった一部の偉い心理臨床家が、養成訓練という視点を忘れて自分の優秀さを示す場になっていることがある。筆者の研究室の院生も傷ついて、筆者はそのフォローに腐心したことがあるが、似たような話はいろいろなところから漏れ聞いている。これは、ボクシングにたとえて言えば、重量の階級がまったく違うボクサーが戦うようなものである。つまり、まだ駆け出しのフライ級のボクサーを、ヘビー級の経験豊かなボクサーが、学会というリングでノックアウトしては喜んでいるようなことであろう。

このように、河合氏が導入した事例研究の形態は学会の研究発表の形式として１つの時代をつくったが、一歩間違うと事例研究の発表者を傷つけたり、流派間の闘争になりやすい事実もある。院生の成長を願うのか理論闘争なのか目的を明確にしないと、パワーハラスメント問題に発展しかねない事態が起こる。本来の事例研究発表の目的を改めて再認識する時期に来ていると思う。

## 3 インシデント・プロセスとの接点

新しい方法を探すうちに、鵜養美昭ら学校臨床心理士ワーキンググループの仲間からヒントを得たのがインシデント・プロセスだった。インシデント・プロセスから学んだことは、①事例提供の情報量を少なくして検討できるので準備の手間がいらず、②参加者が積極的になれる参加しやすいステップを踏むことができるので教えやすく、③進行具合がわかる、ということであった。たとえば、ジェンドリンのフォーカシング（1981）は、６段階のステップ・モデルであるので理解しやすく、そのことがわが国でのフォーカシングの発展につながったことも筆者の頭にはあった。上記の３つの利点は学校現場に適していると考えて、PCAグ

ループをベースに組み入れてみた。実施してみると、PCAGIP法はみんなで考える、一種の創造的開発手法であると思うようになった。通常の事例検討では、事例資料は担当のセラピスト／カウンセラーが構成しているが、少ない情報だけ提供して、後はメンバーみんなが質問しながら理解し構成していくやり方は、自分自身も参加しているという実感や達成感をもちやすい。また、手順として教えやすい。

## 4 事例提供者を被告にしない、安全な事例検討会の必要性

　もう1点、PCAGIP法という事例検討法を必要とした理由として、筆者は、エンカウンター・グループやPCAグループの体験から、参加者の成長と学習には「参加者が安心してそこに存在できる雰囲気が必要であること」を学んで来ていることを挙げておきたい。参加メンバーの学習体験の視点からみると、心理臨床のケース・カンファレンスも"グループ体験"とみなすことができると思っている。"安全感"は非常に重要である。筆者自身の事例提供者となった経験からも理解できるが、事例提供者は緊張し、批判される不安で戦々恐々としていることが多い。安全感がないと誰も安心してものが言えない。この安全感はPCAの基本概念の1つである。そこで「事例提供者を批判しない」というグランドルールを設定することにしたのである。

　"参加者全員が発言できる"ということも安全感をつくり出している。自発的なグループ討議の場や従来のケース・カンファレンスでは、人前で発言できる人とできない人がはっきり分かれてしまう。発言できることが必ず教育的であるかどうかは別であるが、発言したいと思っているのにその勇気がなく、発言できない人も多い。PCAGIP法では全員が同じだけの発言の機会をもてる。事例提供者からの"情報提示が少ない"ところから始めるので、参加者は必然的に、まずは事実を押さえるために単純な質問などから入っていくことになる。そのために、「発言するからには立派な発言をしなければならないのに、自分はそんな立派な発

言ができない」と思って萎縮する（従来のケース・カンファレンスではそのような人が多いと思われる）必要がなく、気軽な質問から始めることができて、それが参加者の発言にまつわる緊張を大いに緩和する。

## 3．大学院集中講義から学んだこと

　PCAGIP法を臨床心理学を専攻する大学院生の授業で使ってみるようになって、特に修士課程1～2年生のフィードバックから学んだことが多い。

　教員全員が出席して事例検討が展開されることで有名なある大学院の同窓会があり、筆者も招待された。その折に、院生の1人がわざわざ筆者のそばに寄ってきて「先生の事例検討の授業が最も印象に残っています。それは、私が安心して自由に発言でき、緊張が少なく、たくさんのことを学んだ時間でした」と言ったのである。それを聞いて、筆者は驚きとともに、専門性の高い高度なカンファレンスについていけない院生たちがいるという実態に気がついた。つまり、カンファレンスの意味を、事例提供者の視点から見直す必要性に気づかされたのである。

　また別の大学院の集中講義でPCAGIP法を実施した時のことである。院生が事例提供者になって、「PCAGIP法によって問題は解決はしないけれども、いろんなことを学んだ。こんなに自由に話したことはなかった」と語ってくれた。それだけでなく、その後その院生は大学院の専攻主任に面会を求め、臨床カンファレンスにPCAGIP法を取り上げてほしいと要望を出し、なんと、その要望は受け入れられた。学生の要望を受けとめた専攻主任の見識の凄さによって、その大学院の臨床カンファレンスの改革につながったのである。

## 4. 修士課程の大学院生の初期不安の緩和

　もう1つは集中講義で気づいたこと、修士課程1〜2年生は初期不安がとても強いことである。ケース・カンファレンスで「うまく事例発表しなければならない」という緊張感や「専門知識の不足がばれないか」などの不安感、「教員や参加者から批判されないだろうか」などの恐怖感が強いのである。ある大学院ではケース・カンファレンスは必修授業であるのに、出席率は80％台であった。この不安、特に修士課程1年生の不安に対して、それを緩和し、安心してカンファレンスに参加できるような配慮が必要ではないだろうか。

　もっとも、学生たちも自分自身で不安を防ぐ工夫はしているようである。ケース・カンファレンス前に"事前対策用カンファレンス"をおこなったり、"アフター・カンファレンスの会"をつくって、ケース・カンファレンスで受けたコメントの内容や意味を院生で集まって検討するなどしているということは、よく聞くことである。

## 5. "金魚鉢方式"の開発

　PCAGIP法を多人数の研修者を相手にして展開するとき、"金魚鉢方式"でおこなう（30ページ参照）。多人数が参加した場合、その全員が事例提供者に質問することは時間的に難しい。一部の人だけがグループに参加するのでは、それ以外の人は単なる観察者になってしまう。不公平感も出てくるであろう。全員が同じように事例検討のリサーチ・パートナーとして事例を共に考えてほしいと考え、研修者を"金魚グループ"と"金魚鉢グループ"の2つに分けるという方法を開発した。事例提供者とファシリテーターを囲む10人程度のグループを"金魚グループ"とし、それを取り囲んで参加している人たちのグループを"金魚鉢グルー

プ"と呼ぶことにしたのである（第6章参照）。"金魚鉢グループ"が"金魚グループ"の第1〜2ラウンドの後に質問をするのであるが、"金魚グループ"とは異なる貴重で新鮮な見解が出て、新しい展開が起こることがよくある。やや距離を置いて見る参加者の視点からは、当事者の"金魚グループ"に見えないことが見えるからであろう。

## 6．全体の場をコミュニティとみる視点

"金魚鉢方式"を取り入れた多人数のPCAGIP法を実施して学んだことは、PCAGIP法による事例検討の場は、その構成メンバーの全員、すなわち事例提供者、ファシリテーター、記録者、参加者の全員がその場で出会っているということであった。ケース・カンファレンスもその視点からみると、全員がみなその場で出会うコミュニティであると気づく。神田橋條治、増井武士、西村洲衞男の公開スーパービジョンは有名だが、これもコミュニティとしてみることもできる。従来のケース・カンファレンスは、ともすれば事例提供者とコメンターの2人だけが出会っているのであって、他の参加者はその様子を遠巻きに見ているだけであった。優れたケース・カンファレンスの場は参加者全員が出会うコミュニティになっているのであろう。従来の形式やPCAGIP法を含めたケース・カンファレンスをコミュニティとみる視点を取り入れることで開けてくる可能性については改めて考えたい。

# 第4章

# PCAGIP法の論理

中田行重

## 1. はじめに

　ケース・カンファレンスとは、自分が担当するケースについて現場の仲間と検討するミーティングのことであり、対人援助や教育の領域では普通におこなわれている。心理臨床の現場や臨床心理学の教育現場では、経験をより多く積んだ人から助言を受けることが主となることもあり、その場合は集団スーパービジョンと言われることもある。ケース・カンファレンスでは事例提供者（スーパーバイジー）が自分の担当するケースを発表し、他の参加者とともにそのケースワークについて検討する。事例提供する人も他の参加者も、対人援助の実務の仕方を学び、援助者としての成長を目指す重要な学びの場である。これほど重要であるにもかかわらず、ケース・カンファレンスの運営の新しい方法論はこれまで提示されることはなかった。そして、村山先生（筆者にとって学部・大学院を通じての指導教員であるので、論文調の"村山は〜"などという言い方ではなく、"村山先生"と書かせていただくことをお許しいただきたい）がPCAGIP法を開発して実践を積み重ねてこられている。
　村山先生がPCAGIP法を考案せざるを得なかった理由としては、先生ご自身が本書でお書きになっている通り（第3章参照）、今のケース・カ

ンファレンスに問題があるためである。コメントされた事例提供者が傷つく、初学者が発言できない、そのためせっかくの機会なのに学びにならない、それどころか、そのような酷いコメントの仕方を参加者が学んでしまって、自分自身もそのようなコメンターになったりする。酷いコメンターの悪循環的な再生産である。

　その一方で、従来のケース・カンファレンスを通して優れた人材も多く輩出されている。人にはいろいろな成長の仕方、学び方があると考えておくべきであろう。PCAGIP法もケース・カンファレンスの方法の1つであると位置づけておきたい。

## 2．背景となる教育観

　PCAGIP法の開発の経緯にはエンカウンター・グループの経験があると村山先生は述べておられ、それについては第3章に書かれているので、ここではPCAGIP法の背後にある教育観について、村山先生の師、ロジャーズおよび村山先生ご自身の考え方、あり方を紹介しておこう。

### 1 ロジャーズの考え方

　ロジャーズはユニオン神学校に在学中、友人らと大胆にも学生だけのセミナーの開講を大学側に要求したのだが、それが大学に認められ、多くのことを学んだという（Rogers, 1961）。この経験から、学びは教師からの知識の伝達においてではなく、自分自身の中から起こること、権威者はその学びの妨げにさえなり得るなど、終生続くロジャーズの教育観が芽吹いている。それを象徴的に表しているのが「経験は自分の最高の師である」という彼の有名な言葉である（Rogers, 1961）。この考え方は、人格理論、心理療法論など彼の理論全体を貫いており、さらにはジェンドリンの体験過程理論にまで及んでいる。

心理臨床における教育に限定してみると、彼はスーパービジョンについて「自分はスーパーバイザーをもたなかったことを幸せだと思っている」と述べている（Rogers, 1985）。自分の経験から学ぶには、スーパーバイザーは必要ないどころか妨げになるのであろう。しかし、彼自身はスーパービジョンをおこなっている。彼の徹底した人間観を知らされるのは、他の学派のスーパーバイジーに対してPCAの考えを教えたりするのではなく、その学派のセラピストとしてのビジョンが完成するようにスーパーバイズをしているということである（東山、1986）。実際のスーパービジョンの映像（Rogers, 1980）からは、スーパーバイジーに何か教えるのではなく、その話を傾聴する様子が映っている。彼がおこなうスーパービジョンとは、その契約がスーパービジョンというだけに過ぎず、そのやり方はカウンセリングと同じである。これはスーパーバイジーの成長を本当に信じていなければできることではない。

## 2 村山先生の考え方

大学院生の養成に関しては、学生が研究テーマの鉱脈を探すのを待つ姿勢が書かれている（村山、2002）。村山研究室に所属したことのある院生なら誰もが知っていることであるが、村山先生は、ある意味であまり教えない。ところが、その院生の何人ものスーパービジョンをした神田橋（2003）が、「誰一人として村山色がついていなかったが、皆、村山先生を敬愛していた」と述べている。実際、村山先生の門下生には行動療法や家族療法の専門家となったり、精神分析に傾倒した人もいる。あくまでも個々の学生の中にある心理臨床家・研究者としての独自の資質を大事にしようとする村山先生の教育の中心には、人の成長を信じるロジャーズの哲学が生きている。

学生を育てる先生のお考えについては、本書の「村山正治　心理臨床について語る」で、先生のなまの考えをお読みいただきたい。

## 3．PCAGIP法の論理

　方法としてのPCAGIP法はシンプルなものである。しかし、このやり方をただやりさえすれば効果が上がる、というようなものではない。このシンプルな方法を用いて、事例検討の場を人が成長するための豊かな場とするには、その実施者はその論理をわかっていなければならない。
　PCAGIP法にはいろいろな応用が考えられるが、ここではPCAGIP法の場を"事例提供者"、質問をする"参加者"、そして"ファシリテーター"の3つの立場によって構成されるものとして、以下の論述を進める。なお、"事例提供者"とは、対人援助の仕事をしていて、その事例のことを相談するという意味で"対人援助者"と同じ意味であるが、その時々によって使い分けることとする。
　PCAGIP法の論理として以下の7つを挙げておきたい。

### ①全員参加型の、全員が同じ存在価値をもつケース・カンファレンスである

　本来、ケース・カンファレンスは参加者が自由に発言し、議論していいはずである。ところが従来のケース・カンファレンスでは発言する人が決まってしまい、初学者は発言できず、お説拝聴のようになることが多かった。それに対してPCAGIP法では全員に発言の機会が回ってくるため、初学者でも当然発言することになる。権威者から学ぶことになりがちな初学者にとって、自立的に思考するという訓練になる。また、初学者の発言であってもベテランの発言と同様に1つの発言として扱われるので、初学者の視点を含めて多様な視点が等価なものとして提示されることになる。実際、既成の理論にないような発想であっても、質問として表現することが保障されているので、学会などでは聞かれないような新鮮な事例検討が展開することがある。
　しかし、大事なことは発想の新鮮さだけではない。同じリサーチ・パ

ートナーとして検討するコミュニティ感覚こそが、個々の参加者を育てるのである。これは、多くの受講者が受け身になりがちな従来型のケース・カンファレンスとは異なる教育プロセスである。

②対人援助の方法はいろいろとある。同一の人に対してもいろいろな方法が可能である

　もし、正しい援助法が1つしかないのであれば、それを学ぶしかないということになる。しかし、人の変化の方向性もその経過もさまざまあり得るように、援助法にもいろいろなものがある。どの援助法を選ぶかは最終的にその対人援助者に任せられているのであり、援助法のさまざまな可能性についてはオープンな姿勢であることをPCAGIP法の場にいる全員が共有している。また、対人援助者を支援するPCAGIP法そのものも、対人援助者を支援する方法の1つであることもPCAGIP法の参加者は共有しているので、他の研修を自由に選ぶこともできる。

③PCAGIP法による対人援助者への支援は、対人援助者へ技術や対処法を伝授するという直接的な支援ではなく、対人援助者を支え、成長を促すものである。対人援助者は自分なりに納得のできる考え方なら、力を発揮しやすい

　PCAGIP法は、多々ありうる援助法のうち、その事例提供者が納得でき、対人援助の場でできそうだ、と感じられる方法を見つけることを支援する。それによって事例提供者を支え、成長を促す。そのことが、事例提供者が対人援助の場で被援助者におこなうサービスの向上へつながると考えている。たとえ"正しい"援助法であっても、その事例提供者が納得できない方法であれば、それを伝授されても現時点では役立たない。逆に、自分が納得のできる援助法ならば力を発揮できる。

④対人援助に関する新たな気づきが起こること、あるいは気づきに近づ

こうとすることがPCAGIP法の中核の体験である

　どの考え方がその事例提供者にとって納得できるのかは、その本人にしかわからない。それがわかるのは本人の中での気づき、すなわち新たなヒントなり視点が浮かび上がるという体験を通してである。たとえ同じ援助法であっても、他人から伝授されるのと自分の気づきを通して得られるのとでは、自分にとっての納得感がある（大きい）のは後者である。

　たとえ新しいヒントなり視点までは浮かび上がらなかったとしても、今後その対人援助の仕事を続ける上で考えていくべき豊かな素材を得たという感触が得られることが多い。これは、ロジャーズ（1942）が"洞察"の特徴として述べた、"もっと満足できるような永続的な目標を積極的に選択するようになる"の性質を多少なりとも伴ったものである。

⑤事例提供者の成長を促すという支援は、その本人の「何とかしたい」「対人援助の方法を学びたい」という意欲に依拠している

　事例提供者の気づきの可能性を高め、成長を促す支援の最小限の構成要素は、その援助者の「何とかしたい」「対人援助の方法を学びたい」という意欲である。事例提供者は諸事情から意欲を削がれていることもあるが、PCAGIP法ではその意欲が高いことが重要である。グループ全体としてはその人の意欲を維持するように、あるいは高めるように努めなければならない。事例提供者の意欲を維持し高める要因は、質問という形式や批判しないという約束などのPCAGIP法の構造、参加者の受容的・共感的な傾聴とともに考える態度、そして傾聴のモデルや雰囲気づくりの役割としてのファシリテーターである。意欲を削がれている事例提供者は、PCAGIP法やスーパービジョンなどでまずはそのことをテーマとして扱うことも１つの選択肢である。

⑥ 事例提供者に対するグループ参加者からの質問は、事例提供者の中で気づきが起こるための触媒として機能する

　同じ対人援助の方法であっても、他人からの伝授という形ではなく、本人の中での気づきを経ることが本人なりの納得感を高める。よって、グループ参加者からの質問は、その内容自体が対人援助の方法を直接に指し示すようなものよりは、本人が気づきやすくなるための触媒となるような内容であることが望ましい。質問という形式なので直接的伝授にはなりにくいとはいえ、事例提供者の中で変化のプロセスの化学変化を想像するつもりで質問することを心がけるほうがよいし、ファシリテーターはそのモデルである。

⑦ 事例提供者以外の人（"参加者"）はPCAGIP法に参加し、事例提供者をグループで支援するという体験をすることで、PCAのカウンセリングやグループの訓練となる

　グループ参加者は事例提供者の中の変化のプロセスの触媒になるよう質問の仕方を洗練させていくことができる。これはカウンセリングの訓練の重要な一部となり得る。そのような質問は事例提供者の私的な感じ方の世界（internal frame of reference）（Rogers, 1957）への共感的理解（Rogers, 1957, 1959）がないことにはできるものではない。質問に対する事例提供者の返事の様子を観察しながら事例提供者の体験世界に潜り込み、自分の質問を考えることは特にPCAのカウンセラーとしての訓練になる。

# 第2部

## 実践編──PCAGIP法の実践

# 第5章

# 大学院生への実践（Ⅰ）

村山正治

　本章は大学院生に対しておこなったPCAGIP法の実践の記録である。事例提供者と参加者とのあいだで交わされた質問と応答内容の要約、事例提供者・参加者双方の感想を紹介し、PCAGIP法の意義について考察する。

## 1．概要

**グループ構成**：全13人（事例提供者1人、記録者1人、ファシリテーター1人含む）
**ファシリテーター**：筆者（村山正治）
**場　所**：大学の講義室

## 2．事例提供者から提示された事例

　職場の新任の上司（主任）のことで悩んでいる。話をするが、受け入れてもらえないことが気になる。主任からは、「あなたは最後まで人の話を聞かない」と言われたり、話をすると『私もそれはわかる』と話の

途中で切られる」といったことが語られた。

　主任はみんなでやる業務をやってくれない、一緒の仕事をすると、とても仕事がやりにくい、以前と同じ感覚で仕事ができない、主任が部下に注意をするとき、まったく状況を聞かずに「こうしてください」といったように一方的な感じを受ける、職場に行くのに、主任がいると、仕事以外で不快な感情になってしまう。

　　　　　　　　　＊　　　　　＊　　　　　＊

　事例提供者として望むもの：どのように、主任と関係をつくっていくのがいいのか？

## 3．第1～2ラウンドでの質問と応答

(以下は村山正治ほか（2008）「エンカウンターグループとインシデントプロセスを組み合わせた新しい事例検討法（PCAGIP法）の実際(II)——1事例の逐語記録」『東亜大学大学院総合学術研究科臨床心理相談研究センター紀要』、**8**、11～23頁の一部を転載し、加筆・修正したものである)

### ■ 第1ラウンド

Ａ：主任からはまったく状況を聞かず、「こうしてください」と一方的に言われるとのことですが、それについて主任には言ったりしたことは？
事例提供者：何回かはチャレンジしました。
Ａ：まだ聞いていいですか？
ファシリテーター：まぁまぁ、最初はそれくらいでいきましょうか。
　　（ルール）
Ｂ：職場の他の方も同じような感情を抱いているんですか？
事例提供者：はい。
ファシリテーター：どんなふうに？

**事例提供者**：不満として、「主任さんだとやってくれないから」というような声とか、（患者さんの）ご家族からも「主任さんはねぇ」というのを聞かされました。

**ファシリテーター**：事例提供者だけじゃなくて、職場の他の人からも言われているらしい。

**E**：主任の性格はどのように感じていますか？

**事例提供者**：うーん。きちんとした志をもって、芯をもってしっかりお仕事をされている方だろうな、というのは感じます。

**G**：主任さんが職場の方々にも（事例提供者と）同じような思いがある、という話でしたが、主任さん自身はそのことに気づいておられますか？

**事例提供者**：患者さんのご家族から「主任さんはねぇ」みたいなことを言われたとき、師長さんにそのことをお話ししたら、これまでも何度かそういうことが事実としてあって、それについては師長さんが主任さんに指摘している、とおっしゃっていました。だから、自覚がないとは思いません。

**ファシリテーター**：どんなクレームがついたんだろうね。（具体的な話への問いかけ）

**事例提供者**：私が部屋で患者さんのご家族と雑談をしていたんですよ。そしたらわざわざ部屋のドアを開けて入ってきて、私に「〜〜してください」って仕事の依頼をされたんです。普通、人と話をしているときに、しかも患者さんのご家族と話しているときに、「失礼します」も言わずにそんなことを言われないですから、正直びっくりしちゃって。しかも実はそれが2回目だったんですね。その後、そのご家族にたまたま会ったときに、「主任さんがいるときにお話ししちゃったから、あなたが怒られちゃったんでしょう？　ごめんなさいね」って気を遣って謝ってくださって。ご家族が主任に気を遣って私に謝ること自体がおかしいと思って、師長さんに一応報告しておいたほうがいいだろうと、主任さんに直接、じゃなく師長さんに話をする、というこ

とがありました。

H：主任の上司にあたる師長さんと、主任さんとのやりとりはどのように感じられますか？

事例提供者：中間管理職の主任が部下としてトップに相談している、という形に感じます。

H：違和感は感じますか？

事例提供者：いや、感じません。

I：主任さんがみんなでやる仕事をやらない、っていうことでしたが、師長さんや主任さんも一緒にやるのが普通なんですか？

事例提供者：もちろん。もう少し詳しく説明しますと、日曜日は病院というのは休み体制で、人数が減るんですね。主任さんも師長さんもいないというのもよくあることだから、一人、代理の人が立つんです。その代理の人っていうのが、いろいろな業務を手伝ってくれながら、「総括」という仕事をしてくれるんですよ。他の人が代理になったときは一緒に動いてくれるんですが、主任さんが代理になったときは、要は自分の仕事を優先しちゃって、それを人手が少ない日曜日にずっとされてるんです。

ファシリテーター：この人は結婚していて子どもとかいたり、とかは？
**（今までに出てこなかった質問）**

事例提供者：お子さんが3人いらっしゃいます。記憶は定かじゃないんですけれど、高校生くらいのお子さんたちだと思います。

（第1ラウンドまとめ）

ファシリテーター：こんな具合で1巡目ね。第2ラウンドからは少し楽に、最初に聞いた答えがすっきりしなかったらもうちょっと聞く、とかそんな形でやってみましょうか。記録を書くのも大変でしょう。でも書くと全体がよく分かるでしょ？

## ■ 第2ラウンド

A：看護師さんってすごく忙しいと思うんですが、仕事以外に話ができる場とかは？

事例提供者：お昼休みも毎回、というわけではないんですけど、何回かご一緒させていただいたことがあります。はじめのころは一生懸命話しかけてくださろうとする姿勢が見えて、先ほどの3人のお子さんがいる、という話もお昼休みにご一緒したときにお伺いしたんです。話ができる時間は10分あるかないかくらいです。

A：そういう話をしているとき、どんな感じですか？

事例提供者：すごくかたい感じがします。

B：誰に対しても同じように接する感じ？

事例提供者：いや、私と他の人への接し方は違う……感じが。

ファシリテーター：煙たがられている、距離を置かれている、とかそういう意味？（**意味の確認**）

事例提供者：そうですね。距離を置かれている感じがします。

B：日曜日に主任は自分の仕事をしているってことでしたが、あなたから見て主任の仕事内容は大変だと思いますか？

事例提供者：大変だと思います。

B：そういう、やらないといけない仕事もあると思うんです。主任さんの仕事が抜けた場合、支障はどれくらい？

事例提供者：相当支障をきたします。

B：まわりの人は主任さんをフォローしないんですか？

事例提供者：もちろんします。誰一人、その仕事をしている彼女に何かをやってください、ということは言いません。

C：職場の中に主任さんと仲のいい人、相談するような人は？

事例提供者：相談するような相手といえば、師長さんでしょうかね。2人でいろいろ話しているし。

E：注意をするときに、一方的に言われるとのことですが、このときの

主任さんの言い方や口調って結構きつい感じがするんですか？
**事例提供者**：うーん。きついっていうか……笑顔です。感情の起伏は激しくて、結構ポンポン言っちゃうタイプの人なんですが。あるとき、ある患者さんにトラブルがあったときに、そのトラブルについて、私に向かって怒り出した、ということがありました。
**E**：主任さんの気分で言い方が変わったりは？
**事例提供者**：そうでもないですね。常にそういうテンションの人です。
**F**：新しい職場に来た人は、あなただけですか？
**事例提供者**：ひと月前に異動で1人新しく入ってきました。
**F**：その人と主任さんとの関係は、あなたと主任さんとの関係と似ている感じですか？
**事例提供者**：いえ、似てないと思います。その人は資格をとったばかりの新人さんですが、私は新しい職場ですけれど、20年のキャリアをもった看護師、ということで、立場が違うので。そういう意味で、主任さんは私にとても気は遣ってくれているんですよ。
**ファシリテーター**：この人にとっては重荷だなあ。(**主任の立場に身をおいた発言**)
**事例提供者**：そんな感じ。プレッシャーにはなると思います。私は今いる科の専門のところで10年のキャリアがあるんです。だから、初めて自己紹介をしたときに主任さんが「教えてください」って気を遣って、私にはちゃんと話をしてくれました。……私、嫌なやつかなぁ。
**ファシリテーター**：上司としてはちょっと煙たいかなぁ。その専門についてのキャリアは自分よりも積んでいる可能性があるし。(**主任の立場に身をおいた発言**)
**事例提供者**：やりづらいでしょうか。
**G**：ご自身が感じておられるような、仕事のことだけじゃなくて、主任さんとのおしゃべりのときにちょっと間が合わない、受け入れてもらっていないような気がする、という感じを共有できるような職場のスタッフの方はおられますか？

事例提供者：そこまでの人はいないですね。ただ、師長さんにずっと悶々としてたものを話したときには、師長さんが「主任さんはこういう人だから、私は上司としてこういう対処をしていますよ」という事実を教えてもらって、「あぁ私だけじゃなかったんだ」ってすごくほっとしました。私だけが主任さんのことを変なふうに見てたのかな、という気持ちがなくなったというか……。

H：主任さんは、主任さんになってどれくらい？

事例提供者：以前は知りませんが、今の病院では主任を3年されていると思います。

H：先ほど、ご家族とあなたがしゃべっているときに急に話しかけられた、という話がありましたが、そのときも主任さんが、患者と関わるほうが好きだから、そういう仕事をしたい、だからちょっと悔しい、とかいうふうなことを感じられたりしませんでしたか？

事例提供者：今、お話を聞いていて、私が感じたところなんですが、「こうあらねばならない」というのが強い人なのかな、自分の業務としての主任業務を最優先に考えているのかな、と。嫌いだったら、たぶんこの仕事をやっていないと思いますし、今の主任の仕事が嫌いということはないと思います。

I：完全主義的な方なのかな、というイメージが浮かんできますが、この人の雰囲気について、あなたが感じていることを聞かせてください。

事例提供者：性格的なところでは、先ほども言いましたように、「〜〜せねばならない」という形を感じますかねえ。

J：あなたに対する主任の対応が他の人と比べて違っている、というのはどんな感じなんでしょうか？

事例提供者：カンファレンスのときに意見を求められるときなんかも、「気づいていることがたくさんあるでしょうが、言ってください」「教えてください」という感じで、言葉づかいに気を遣って私を立ててくれたりします。

ファシリテーター：これまでのお話を聞くと、この人はかなりの責任を

負わされているし、すごく大変な職場というイメージだよね。家庭もちだし。日曜日にまわりの仕事をやらないで、自分の仕事をもちこんでそれだけやる、というのはまわりから見ると、ちょっとルール違反であるように思えるだろうね。忙しいとか、あんまり余裕がないとか、そんなことが関係しているように思えますが。(**主任の立場に身をおいた発言**)

事例提供者：余裕はないと思います。彼女から、ほっとするとか、やわらかい感じというのを私自身も受けません。

ファシリテーター：すごく大変なんだねえ。

事例提供者：最近は、患者さんのすごい問題に対処し、他のスタッフのメンタル面についてもフォローしなければならない、ということもありました。

(第2ラウンドまとめ)

ファシリテーター：ということで2巡したんですが、主任さんのイメージというのを見てみると、今の話を聞いているかぎりでは、結構大変な仕事のようですね。責任を負わされているし、仕事も多いし、忙しくてかなり余裕もない。事例提供者との関係では、一目置いて、気を遣って、遠慮して、さらには一生懸命立てようとしている。そんな感じがしますね。それから、患者さんとの仕事では、さきほどの話からはどうもちょっとコミュニケーションがうまくいっていない。それから、家族関係については結婚して、子どももいるということだけど、よくわからない。事例提供者のあなたから見ると、上司としては、結構話を聞いてくれない、きちんと受け止めてくれない感じがある。職場の看護師さんとしては一生懸命やっている、頑張っている。上司の師長さんとの関係については、悪いという感じではなさそうだ。今までの質問から私なりに整理すると、こんなイメージができているのですけどね。

（まとめ後の追加発言）

F：主任さんのイメージが浮かんできて、ずっとどういう人なのかなって考えていました。私はバレーボール部に入っていましたが、たぶん主任さんって、主任になる前に、みんなで働いているときはこの人が主任になったらいいのになあ、というようなところがあったんじゃないのかな。でも、実際主任になってみると、主任さん自身には重荷すぎて、空回りしてしまうような、殻に閉じこもってしまうような、ちょっと孤立してしまうような感じがあるのかな？　たぶん、主任さん自身もまわりの空気を肌で感じて、『私の仕事は誰もわかってくれない』と殻に閉じこもっているんじゃないのかな。主任さんが逆に孤立してしまって、主任とはこういうものだ、こうやらなきゃいけない、みたいに。主任さんには、『私の気持ちもわかってほしい』というのがあるのかなと思います。

ファシリテーター：なるほど、おもしろい見方というか、主任さんの状況を大事にしてるんだね。主任さんは「自分のことを聞いてほしい」と思っているんだろうな。記録者からは何かありますか？

記録者：私が一番引っかかったのは、思ってもみなかったんだけど、主任の立場からすると、（事例提供者は）使いづらそうだな、と思いました。もう１つ思ったのは、事例提供者が主任さんに対して困っている感覚、というのはひしひしとわかるんですが、逆に言うと、主任さんに何か困っていることがあって、その立ちゆかなくなっている状況、というのが考えられるなあ、と記録を書いていて思いました。

ファシリテーター：つまり、上司としては脅威を感じる可能性が高いということ。まあ、本当に「教えてほしい」という気持ちになれればいいけど、主任としては、自分の権威もあるし、その辺の難しさがあるね。

記録者：質問があるんですが、主任さんからは「教えてください」と言われて、他の人と対応が違うんですよね。それは、良い対応の違い方

じゃないんでしょうか？

**事例提供者**：はい。立ててくれるんですもんね。要は、一番のベースがそこだと思うんです。つまり、"形としては聞こうとしてくれている。でも聞いてない"ということなんです。

**記録者**：ああ、なるほど。

**ファシリテーター**：やっぱり脅威だから。ちょっと聞かなきゃいかん、というのはわかるけど、いつも部下に教えてもらう、というのは結構大変な作業だという気がする。

**事例提供者**：ちょっと感じていることを話していいですか？　私は異動がすごく多いから、こういうパターンが明らかに多いんです。普通、私の年齢だと主任や師長さんになっているんですけれど、経験だけ積んで平社員として動いているので、上司としては明らかにやりづらいのはわかります。だけど、正直に言うと、「上手く使えばいいのに」と思ってしまうんです。「どうしてこの人は私を上手く使えないんだろう」という思いはすごくあります。使い方がきっとわからないんじゃないのかなって。

**ファシリテーター**：一目置かざるを得ないんだけど、それをどう活用するかというところまではなかなかいかない。

**記録者**：もう１つ質問、いいですか。その人は、仕事ができる方なんですか？

**ファシリテーター**：そうそう、そのあたりが確かに一番見えないところなんですよね。なんとなく、もしかしたらあまり確かな自分自身というものをおもちでない方かもしれないなあ、というイメージが伝わってくる。だとすると、余計に主任にとってあなたは脅威になる。

**記録者**：あなたのような20年のベテランが、主任さんのコンプレックスを刺激しているように聞こえるんですよね。

**事例提供者**：さすがに年齢のことを考えても、師長さんに指摘もされているし、主任さんは自分の悪いところなど全然気づいていない人ではないと思います。それに対して気をつけようと前向きな姿勢を見せて

いる方だから。今、仕事ができる、という言葉がありましたけど、キレがいいという感じの人ではない、という印象はやっぱりありますね。でも、とても前向きで努力している。

ファシリテーター：まじめなんだよね。

事例提供者：そう、すごくまじめだとは思います。

B：あなたが主任さんに求めすぎているということはないですか？

事例提供者：それはあると思います。「上手に使え」と思っちゃってますもんね。でも、初めは私だけがこの人のことを変に見ているのかなあという気持ちがあって、師長さんに言ってみたら、なんだ、他の人も同じだったんだってわかって、気持ちが変わってきた。自分がここに来た役割、要は、主任とか管理職をやるためではない。でも歳をとっているのは事実だから、自分はどういう人であるべきだろう、どういうふうにいたいか、っていうのはいつも考えています。主任さんについて文句を言う人たちと一緒になる気もさらさらないし、なんかこう、役に立ちたいという思いはすごくあるんです。

ファシリテーター：そうなんだね。もうちょっと上手く使ってほしいな、何とかサポートしたい、そういう気持ちが主任に通じない。**(事例提供者への理解)**

事例提供者：下の人間にとっては、主任には言えなくても、私には言いやすい、というところがあるから、私はパイプ役。それは自覚しているんだけど。

B：役に立ちたいと主任さんに言ったことはありますか？　言いたくはないですか？

事例提供者：まだわかってもらえないような気がする。

ファシリテーター：まあ、求めすぎ、というわけではないんだけれども、何とか協力したいし、だけど、まだそのタイミングじゃないってことなのかな？　本当は「役に立ちたいんですけど」って言ってあげたいんだけど。**(事例提供者への理解)**

事例提供者：そう言われると、今、言ってあげるときなのかなという気

がしてきました。Fさんに質問したいんだけど、空回りとか、殻とか、「から」という言葉がさっきから出てくるけれど、私にはちょっとピンとこない気がするんです。

F：私のイメージで言うと、先ほどお話ししたバレーボール部のキャプテンと近い気がしたんですね。つまり、"自分がしなきゃ"という気持ちが強すぎて、みんなの気持ち、みんなが嫌なのはうすうすは肌で感じているんだけれども、「誰も私の気持ちをわかってくれない、キャプテンにはキャプテンの辛さがある」みたいな感じで、孤立してしまうところがあって。結局、その人も"わかってほしい"部分があったんですよね。

事例提供者：今、お話を聞いて感じたのが、そうだ、主任さんには私みたいな存在が今までいなかったんだ、というのをすごく感じました。

F：その人も、あるときに「一人だけ同級生に気持ちを理解してくれる存在ができてから変わった」って言ってました。自分の気持ちをわかってもらえて、それプラス、自分の気持ちをわかってもらえるから下の子たちの意見も聞いて、それを受け入れることができる。主任さんもそういう感じなのかな？「そんなに頑張らなくても言ってくれればわかるよ。自分たちも協力するのに」というのが下の意見かな。うまく言えないけど。

事例提供者：すごくわかる。

ファシリテーター：つまり、あなたがどういうふうにあればよいか、みたいな第2段階の話に入っているね。元来、責任がある立場の人は孤立するんだけど、支えがなかったり、コミュニケーションができないと、孤立感が深まって距離ができちゃったり、かたくなったり、言ったことが伝わらない、という状況が起こってくる。だからそういう彼女の聞き役になれたらいいのかな、と思うんですが、どうですか？
（事例提供者への提案）

事例提供者：私もそれが自分の役割だと思っているところがあるし、それを望んでいます。「私はこんなに役に立つ人なのよ」って言ってい

るつもりなんだけど。でも「じゃあ何かアクションしたのか？」というと「ノー」だし、言っているつもりになっていたのかな？　彼女が何も言ってこない寂しさとか歯がゆさもあったのかな？　手をのばせばいい、という部分で、手を出せない自分がいるかもしれない。毎回否定されているから。

F：でも、ポロッと、「主任さん大変ですよね」とかそういう言葉がけみたいな小さなことでも、主任さんはほっとするんじゃないかな。

事例提供者：言っているんですよ。「いつもすいません」「忙しいですよね」って。もっとするようにすればいいのかな？　でも、一生懸命アプローチしてきたんだけど、あんまり返ってこないと嫌になっちゃうことってあるでしょう？

ファシリテーター：「通じないなあ」みたいね。主任さん自身はどんな人なんですか？

事例提供者：彼女は3人も子どもがいるんだけど、あまり実家にお世話にならないで、一人ですごく頑張ってきたっていう話を聞きましたね。

ファシリテーター：こういう頑張ってきたまじめな人が、あなたのようなベテランが入ってきて環境の変化した職場に慣れきっていないのかもしれないね。実際、あなたはこの人から一目置かれているんでしょう。でも一目置かれているってことは逆に脅威でもあるし、尊敬の対象でもあるっていう中で、この人自身がすごく混乱している状態なのかもしれないな。

事例提供者：たしかにそうかも……。

　　　　　　　　　　＊　　　　　＊　　　　　＊

　次第に事例提供者のなかにたくさんの気づきが生まれ、表情や姿勢などが変わってきたことが見てとれた。

## 4．事例提供者・参加者の感想

### ❶ 事例提供者のコメント

　事例を出したときは、まるで悪口を書いているようで、とても嫌な気持ちがしました。まるっきり主観的な意見だと感じていたからです。しかし事例検討が始まると、批判がないという安心感と安全感があり、また、ファシリテーターへの信頼感と、メンバーが大学院の臨床心理の学生さんということもあるのか、受けとめてくれる穏やかな雰囲気があり、事例を提供できました。こちらで書いた資料は断片的なものだったのですが、質問をやりとりするなかで、グループのみなさんに私の中の主任さんのイメージを伝えたいと思いながら話をしました。

　そして話しながら、主任さんと関わりをもって12か月が経ち、ここまで自分がどうしてこんな気持ちになったのか振り返りができました。また、自分なりに頑張ってきた自分を誉めてやれる気持ちにもなれました。まだ主任さんとの関係は続いており、いまだ途中経過なわけですが、自分の思いがしっかりと主任さんに伝わっていないことがわかりました。今回出た意見を参考に、自分を見つめなおし、主任さんへの働きかけもいろいろと考え直してみようと思います。

　事例検討会では、私の発言に対して「もう少しくわしく」とか、他の方の質問に「提供者が説明しやすいように聞いてみて」と、ファシリテーターにうまく舵取りをしていただきました。参加者が情報を理解しやすくなるような質問をしてくれたこと、私の気持ちを理解しているという言葉を合間に入れてくれたことで、とても話しやすく、安心できました。そして、このことが、自分を振り返る客観性をもたせてくれたように感じています。グループの方たちが理解しようと聞いてくれる姿勢が、とても気持ちがよかったです。

## 2 参加メンバーのコメント

①セッションをおこなってみて、予想以上に盛り上がったように感じた。セッションを通して、一人ひとりの質問から、さまざまなことが連想されることが増えた。このさまざまな連想は、自分自身の視野を広げたように感じた。

　セッション中の雰囲気は、発言しやすい雰囲気であったように感じた。この雰囲気のよさは、セッションのルールとして"決して非難しない"ということの影響が大きいように感じられた。この非難されないという安心感が、セッションの盛り上がりを促進したように感じられた。

　また、セッション中に出た意見を黒板に記録したことは、頭の中だけでの整理だけでなく、視覚的にも整理できたのではないだろうか。そして黒板への記録は、メンバーみんなが同じ情報を共有できるという面でも効果的であったと考えられた。

　このように、同じ情報を共有することや、決して自分が非難されないという安心感は、グループの活動を活発にさせる効果があるように感じられた。

②このカンファレンスはいつもおこなっているものと雰囲気が違った。机がないこと、少人数であったこと、メモをとらないこと、がメンバー間の距離を縮め、雰囲気が変わっていたように思う。特にメモをとらないことで、相手の話に集中し、話を情報として捉えるだけでなく、流れとして捉えることに役立ち、主任さんと事例提供者のやりとりをイメージしやすかったように思う。また、専門用語が出てこなかったことも、イメージをよりつかみやすいものにしていたと思う。このイメージをメンバーが共有することで、頭の中に新しい考え方やアイデアが浮かび、発言を活発にしたのだと思った。

③今回初めて体験した。普段おこなうディスカッションとは違い、苦ではなかった。自分の意見も発言し、他の人の意見も聞いていくということで、視野が広がり、いろんな方向から考えることができた。注意点としては、メモはしない、批判することは言ってはいけないということであった。実際におこなっていて感じたことは、事例提供者の考えが時間の経過とともに変わっていくということであった。はじめは否定的な感情が多かったように感じたが、いろんな意見を聞いていくなかで、事例提供者自身の考え方も変化していき、問題とどのように向き合っていけばよいか少し見えてきていたように思う。本当にこれで何か変わるのか、と考えていたが、実際に参加してそのような変化を感じとることができたように思う。参加することはとてもよい機会であった。

④初めての経験で、始めるまではどのような展開になるのか、自分が何を言えるのか、など戸惑いも感じていました。雰囲気としては、事例検討など堅い感じではなく、ある種の世間話、井戸端会議のような気持ちで発言できました。

　また他の人の意見や事例提供者の発言を聞くことで、自分の思っていたことに対して、「ハッ！」とさせられることも多くあり、大変有意義な体験をさせてもらいました。

　このような話し合いをする場合、私自身「結果はこう決まりました」となる話し合いが多く、私自身も結果を求めてしまうのですが、今回、結果というものが出なくても、よい気分で終わることができました。これは、話し合いの結果が出なくても、自分自身の中で「こうじゃないのかな？」という仮の結果が導き出せたことが大きかったのではないかと思います。

　また批判的な発言をしないという点が重要であったと思いました。意見の言い合いではなく、意見交換・共通理解を最優先している印象を受けました。

⑤特に興味深かったのは"人の意見の批判をおこなわない"ということであった。そのため、場に自由な雰囲気ができ、活き活きとした相互の意見の交流がおこなえていたと感じた。特に自由な雰囲気ができていたことにより、質問をおこなう際も、事例を考える際も緊張という余計な負荷が少なく、物事を大きく捉えられることができていたと思った。私はこの体験が今後、さまざまな場面で活きてくると感じた。

⑥今回は終止おだやかな雰囲気で、まったくと言っていいほど口論や諍いが起きる気配がなく、非常に穏やかなまま話し合いの場が進んでいたように見えた。その場に記録者として参加した中で重要と感じたことは、グループを開始する前段階のルールの確認だった。特に「参加者の意見や事例提供者のやり方を絶対に批判しないというルール」は参加者の発言を促していたように感じた。

　また記録者として参加のほとんどは記録に時間を費やすこととなり、議題の中に発言者として参加していなかったために場を通しての「感覚」的なものを共有できていない感じがあり、こちらから質問をする必要があったことに驚いた。

⑦聞いているだけで結構疲れたが、面白かった。他の人の発言があるたびにイメージが膨らんで、あまり専門的知識を必要としないことがわかりやすくてよい。批判なしの井戸端会議みたいな雰囲気で、あまり人数が多すぎないところも、居やすかった。机がないとプレッシャーが少なく感じた。人前で話すのがあまり好きではないので、やはり発言の順番が回ってくると緊張する。発言はあまりしなかったが、椅子のみで円になっているだけで参加感があった。

⑧「事例提供者に対して批判をしない」「記録者以外はメモをとらない」というこの2つのポイントが、事例提供者はもちろん参加者に対しても安心感を与え、グループに対しては1つのことについてお互いの発

言を聞きながら、さまざまな考えを一人ひとりがもつという大きなまとまりを与えたように思う。また、予定では参加者と事例提供者の質問とその回答を整理するところまでであったのが、参加者と事例提供者とのやりとりが自然と次のステップである援助や指導の見立てへと移っていたことから、それがグループ全員が場を共有し、各自がしっかりと考え、意見をもっていた証拠だったのではと感じ、非常に有意義な場に参加できたと感じている。

⑨この体験は困りごとにどのように対応するかというテーマのもと、グループでさまざまな意見を交換するというものであった。事例提供者の話に基づき、その上司との関係や人間像についてイメージを膨らませ、そのイメージをメンバーで共有した。グループでその場を共有する上で大切であったのは、事例提供者の批判をしないというルールであった。その安全感は事例提供者のみならず、メンバーの安心感にもつながると感じた。この体験は比較的エネルギーを必要とするものであったが、それによってメンバー分の意見や視点を知ることができ、内容は異なっても、最終的には自分自身の幅を広げることにつながってくるものだと感じた。

⑩この方法は普段おこなわれているカンファレンスとは違い、事例提供者となる方のやり方や、発言をする際に批判的な意見を絶対に言わないことをポイントとしているために、出てくる質問が思いつきや素朴な内容であるので、資料提供者の考え方や思い、また問題となっているポイントについて細かく具体的に聞くことができて、より理解しやすく感じました。

　質問についても簡単なものから始まり、徐々に内容を深めていけ、議論に参加することができているなぁといった感覚を味わえたように思います。

　また、一つひとつ問題が整理されながら進んでいくため、事例提供

者や問題となっている相手のイメージを膨らませやすくて、自分なりにいろいろと考えを浮かべながらしっかりとしたイメージ像をつくり上げることのトレーニングになっていると感じました。

⑪ファシリテーターの配慮により、今回は情報をまず皆が共有し、イメージがわくようにできていたと思う。共有しやすい質問内容というのもあると感じた。ランダムな質問のように一見感じ、流れていたが、そこには全体を見渡しているファシリテーターの視点があったように感じる。また、事例提供者への配慮をとても感じることができた。事例提供者の態度や言葉に対して共感的であり、受容的な対応をすることにより、事例提供者は自分の問題を客観的に見ることができたり、グループの人の意見を取り入れることができたと感じた。グループの一員として、内容とかその場をより共有できたのは、記録者を別に立て、全体としての流れが見えることも大きかったように思う。ファシリテーターの役割が、非常に大きいと感じた。

## 5．考察

### 1 共創としての意味

　今回提示した事例は、筆者が大学院の集中講義の時間に設定しておこなったものである。参加者は全員、集中講義の受講者である修士課程1年生であった。終了後、大変満足感が高かったので、筆者の思いつきで、論文を「共創」することを提案したところ、全員が快く賛成してくれたのである。
　論文化にあたっては、院生から大変多くの協力を得た。感謝したい。
　論文化という作業は共創であるが、むしろ重要なのは、そのベースとなったPCAGIP法の体験の"場"こそが共創であるということである。

今回の事例では事例提供者の当事者的な問題が中心であるが、たとえ、個人面接でおこなっている不登校児の事例をあの場で取り上げたとしても、事例提供者はやはり当事者である。知性化して客観的に見ているとしても、臨床場面においては当事者としての問題なのである。自分の問題として、対応しているケースの不登校の問題があることに気づかされることになる。それだけでも、ずいぶんと対応は変わってくる。それこそが共創の場としてのPCAGIP法の妙味である、と考えている。

### 2 ファシリテーターの役割

　ファシリテーターは、グループに安心感を醸成することが大切であることが改めて事例で確認された。
　「結論を出す必要がない」ということが、ファシリテーションを楽にしている面もある。いろんな意見が出るように促すことが第一である。ファシリテーターとしても、気づかされることは多い。

### 3 「批判しない」ルールの有効性

　ほとんどの参加者がコメントで「批判しない」というルールの重要性にふれている。また、それによって発言が自由になったと述べている。このルールは本来、事例提供者の安全感を守る意味を込めたものであるが、ケース・カンファレンスにおいても、エンカウンター・グループのように、参加者全員に心理的安全感が必要なことがうかがえる。

### 4 記録者の役割

　まずは、先の事例で記録者が書いてくれたコメントを抜粋したい。

「記録者として板書を担当したなかで重要だと感じたことは、記録者

を担当するものはファシリテーター経験のあるものか、もしくは事前に訓練を受けたものが担当するほうが好ましく、可能なら複数人いたほうがよいと感じたことだ。

　その理由として、まず基本的に発言の後追いをしながら板書（記録）をつけることになるが、こちらが参加者の発言から意味を汲みとり、発言の意図が明確に伝わるよう内容を要約する必要に迫られたことが挙げられる。

　また、記録という性質上しかたのないことなのかもしれないが、発言者の意図を汲みとれないことが複数回あり、発言を中断してこちらから質問をはさむことがあった。これは私の力不足が要因としてあるが、板書中は常に発言者や受けとり手の表情や聞き手の反応などを見ることができず、音声以外の情報を入手しがたいという側面もあると感じられた。

　それを痛感したこととして、発言者がニュアンス的な発言をした際などに、こちらが意味を推察している間に、聞き手のほうでは質問や疑問をはさむことなく問題なく場の中で情報が共有されていたように感じたことだ。

　これらのことから、記録をとりながら、発言の流れを読み、それを正確に要約する能力が記録者には必要だと感じた。このような作業は一朝一夕でできるものではないと感じたので、可能ならファシリテーターのような立場の者が半分は発言に参加しながら、もう半分で記録を作成することで、より完成度の高い記録がとれると感じた。そうすることで最終段階における見直しや振り返りの際に記録がよりよい道具となり、最初に提供された資料とは別の形で個人を知る資料となり、より深い考察を可能とする助けとなるように感じた。」

　以上のように、記録者としての役割を詳細に検討してくれているので、これ以上付け加えることもないが、少しだけ補足させていただく。

　黒板へ発言を記録することは、「情報の共有」という意味では、大変役に立っていることがわかる。しかも、ルールとして参加者に記録をと

ることを禁じているので、情報の共有化はきわめて重要である。これまで記録者がその重要な役割を担っていることはわかっていたが、このコメントで、新しくその重要性が明確になった。ファシリテーター経験者が適任という提案は、確かにその通りであろう。実際の場面では、困っている記録者にファシリテーターや他の参加者が助けに入ることもしばしば起こっている。

　ただ実際の場面では、ファシリテーター経験者を記録者として得ることは難しいので、記録者の役割をより明確にし、体験しながら学習してもらうことが現実的な解決策であろう。また、板書をする記録者とファシリテーターとのやりとり、あるいは場のやりとり、というものが、「他人へ伝わるように話す」ということを、メンバーに伝えることにもなるかと思われる。

## 6．参加体験にとっての意味

　参加者の感想から、PCAGIP法の体験として以下の6点を指摘できる。
①人間理解の視野の広がりを体験する。
②連想の自由さ。
③多様な見方、視点を共有でき、とても充実した体験である。
④一般のカンファレンスと異なり、専門用語を使わないで参加でき、のびのび参加できる。
⑤事例提供者が変化するのを体験できる。
⑥情報としてでなく、理解のプロセスとして把握できる。

# 第6章

# 大学院生への実践(Ⅱ)

村山正治

　本章は前章と同じく、大学院生に対しておこなったPCAGIP法の実践の記録である。こちらは前章と異なり、複数の"金魚鉢グループ"を置いたPCAGIP法である。参加者がどのような体験をしているのかを考えてみる。

## 1．概要

グループ構成：全26人（事例提供者１人、記録者２人、ファシリテーター１人、３つの"金魚鉢グループ"含む）
ファシリテーター：筆者（村山正治）
場　所：ある宿泊施設（一泊研修としておこなわれた）
事例提供者の選択：あらかじめ参加者全員にレポートを提出してもらう。レポートは「大学の心理相談センターで担当している事例ではなく、自分の日常体験の対人関係で困っていること、あるいは家族・バイト先の上司などとの関係で困っていること」をテーマとしてＢ５判用紙に400字程度で書く、と指示する。
金魚鉢方式の採用：25人の参加者がいたので、事例提供者が所属したＡグループにやってもらい、これを"金魚グループ"とした。発表構

造図にあるようにＢ・Ｃ・Ｄの３グループは、これを"金魚鉢グループ"とした。記録者はＢグループ、Ｃグループから１人ずつ出てもらった。

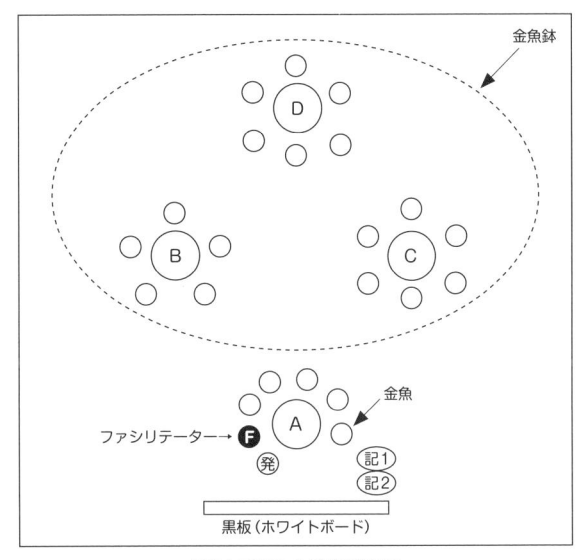

PCAGIP法の発表構造図

## ２．事例提供者から提示された事例（事例提供者の高校時代についての事例）

　バレーボール・チームのキャプテンとして、チームに人数が足らず、どうしても周囲と比べて力の劣る後輩をレギュラーにしないといけないが、本人は期待されることを望んでおらず困っている。
　チーム内には、部としてある程度の成績を残すようにという雰囲気があるにはあったが、レギュラー以外で試合に勝つという目標をもつ部員は少なく、部員の半数は楽しくクラブ活動を送れたらいいと考えているよう。バレーボールを始めて半年のＳくんは、ボールの扱いには難があるものの、身体能力やセンスは他の後輩より光るものがある。ただ、試

合に出るには力が足らず、キャプテンとしては、プレイを限定して無理をしないようにとSくんの指導にあたっていた。しかし、Sくんにとっては限定されたプレイだけでも、うまくなるどころか、段々と縮こまりミスが増え始める。Sくんに厳しくあたっていないつもりでも、Sくんにとっては厳しい注意に聞こえ、だんだんと表情もかたくなっていく。Sくんと学内で出会うと、Sくんは下を向いて姿を隠すこともあり、知らぬ間に追い詰めている。周囲の後輩から見たら厳しい指導には見えず、おかしくない話のことだが、Sくんにとってはきつい体験であり、どうしたものかと思い悩んでしまう。

　同じグループにいながら目的や意識の違う人とどう関わっていったらいいのか、を知りたい。

## 3．ファシリテーターの終了時の印象メモ

　このときの記録が残っていないので、ファシリテーターの印象に残ったことだけを記しておきたい。

①この事例を選んだ理由は、テーマが「高校時代のクラブ」だったので、院生達が参加しやすいと判断したからである。
②この事例は、事例提供者の高校時代の話である。4、5年前の話と思われる。
③事例提供者は、バレーボール部のキャプテン時代に、自分が期待していたSくんが黙ってやめてしまったことが心に残っていた。Sくんの心に傷を与えたのではないかと気にしていたのである。
④当時キャプテンだった事例提供者は、部の対外試合で高成績を維持しなければならない、と責任を感じていた。そこで、新人のバレーボール・サークルの中で、経験があったことと、レシーブのうまさに目をつけ、Sくんをバレーボール部に勧誘し、部の試合に出るレギュラー

として鍛えるため、サークルにも部にも所属してもらった。
⑤Sくんは真面目な勉強家で、レシーブがうまかったので、この点をのばしてやるつもりで特訓をし、彼のいいところを伸ばすつもりだった。ところがそれが裏目に出て、Sくんは「批判されている」と感じ始めるようになり、連絡なしに欠席するようになった。
⑥このあたりから、事例提供者は当時の自分の状況を再体験するようにいきいきと語りはじめ、あたかもグループ・カウンセリングのような状況になった。この状況に、相手であるSくんだけでなく、自分と向き合うような動きが出てきている様子がうかがえた。
⑦当時、部活の顧問の先生が病気だったために、部活動の諸問題を自分一人で全部背負い込んでいたこと、相談できる相手がいなかったこと、Sくんに直接接触するのではなく、新人仲間から間接的な情報集めをしていたこと、などをはじめてここで表現し、理解してもらった感じで、気分がすこぶる楽になったようである。
⑧終了時、事例提供者は記録者、参加者に囲まれ、自分の体験を話し合っていた。元気そうな感じを受けた。ワークショップ全体の終了の儀式のため、ここですべて終わりにした。

## 4．参加者の報告と感想

### Aグループの報告（6人）

①PCAGIP法の発表をすることに決まった際、これまで体験してきたのと同じく、カンファレンスでの発表時に感じるしんどさ、構えなどの負荷を感じました。しかし、PCAGIP法の発表が進んでいくにつれ、自身の感じる負荷がどんどん小さくなっていく感覚に驚きました。負荷が小さくなっていくことと並行して、**グループの場の雰囲気、メンバーの意見がすっと自らになじんできて、不思議な感覚を覚えました。**

これは、PCAGIP法の発表の仕方が、発表者一人にかかる負荷を軽くし、グループ・メンバー全員で1つの方向に進んでいくことで、気持ちや感情を素直に柔らかくしていったためではないかと感じました。これまで体験してきたカンファレンスの発表では、どうしても構えや気負いが強くなっていましたが、この構えや気負いが、心の柔らかさや素直さをなくしているのではないかと感じました。PCAGIP法での発表を通じて得た感覚を、今後とももち続けていきたいなと強く思います。また、その感覚は、PCAGIP法やグループのあり方に何か関係があるように感じ、今後、PCAGIP法やグループについても学んでいきたいと考えるようになりました。今回は、本当に貴重な体験をありがとうございました。

②**最初はグループに参加するのが嫌だった。まわりに見られているし、何かよい質問をしなければいけないと思っていたが、徐々に「どんな質問をしてもいいんだ」と思えるようになっていった。**そして、事例提供者に何か少しでも役に立つことを、と思うようになっていき、まわりの目も気にならなくなった。また自分から発言したいと思うようになってきた。私が思うにそれはファシリテーターの存在が大きかったように思う。**何を話してもいいんだということが先生のありようを通して伝わってきた。**また、前日に夢のワークをやっていることもあって、批評せず、個人を大切にするという空気がみんなに浸透していたのだと感じる。ファシリテーターの雰囲気（＋雰囲気づくり）が大きなものとなり、グループ自体が同じ方向に向かって深まっていき、一体感もあったように思う。非常によい体験をさせていただきました。心理臨床の事例において、このPCAGIP法がどのように扱われてゆくかということに興味をもちました。

③実際参加して、最初は何を聞こうか悩んだが、**話が深まっていくうちに自然に疑問が生まれたり、考えが浮かんだりしたことが印象的だっ**

た。また、最初はSくんの気持ちに焦点が当たっているように感じられたが、事例提供者の気持ちを聞くことで、次第に事例提供者の想いを知ることができ、私自身「(しんどさを抱えているのはSくんだけだと思っていたので)Sくんも事例提供者もしんどかったのではないか」と感じられるようになったのが意外だった。最初は事例を読んで、どういう結果になるのか想像がつかなかったが、いろいろな人の意見からさまざまな見方をすることができ、最終的に話がまとまったと感じた。また、初めは解決しなくてはいけないのではないかというプレッシャーがあったのだが、**時間が経つうちに「解決しないといけない」という気持ちは無くなっていった。事例提供者の話も、どんどん中味が広がっていき、出来事の背景や、それぞれの気持ちなどが見えてきたことが印象的だった。**

④はじめは、何を質問すればいいのかわからなかったり、後ろにいる人の目が気になっていました。でも、時間がたつにつれて後ろにいる人の目も気にならなくなり、あれを聞きたい、これを聞きたいと思うようになりました。だんだん、事例への理解が深まるとともに、グループの一体感が感じられたことがすごくおもしろかったです。一番難しいと思ったのは、やはり発言するときで、私が言うことは事例提供者にとって有益なものになるだろうかとか、事例提供者を傷つけることにならないだろうかとか、すごく考えました。そして、結論は出さなくてもヒントになることが得られればということでしたが、事例提供者が検討したいこと、望むものが得られたのだろうかと少し不安になる気持ちも感じました。今回は、Sくんへの対応はどうすればよかったのかという感じになっていて、それでよかったのかなという思いもありました。でも、事例提供者が何か得られていればいいなと思います。

⑤とてもおもしろかったです。こんなにたくさんのフロアの人たちに見

られている、という状況で、2時間も本当にできるのかと思いました。けど、先生の雰囲気につられ、板書などから事例を見ていくうちに、どんどん事例が整理されて明確化していき、自分もどんどん事例にのめりこんでいったので、最終的にはとても身の入ったアドバイスができたように思います。だからこそ、事例提供者にも「アドバイスがすごく入っていった」という感想をもってもらえたのでしょうか。また、批判をしないという大前提も、とても意味があると思います。事例提供者は悩んでおり、しんどい位置にいると思うのですが、その中で、批判をしないことで事例提供者を守るというのは、グループ全体やアドバイスなどがすごく雰囲気のいいものになり、アドバイスも、事例提供者にスーッと入っていくのだ、と思いました。やはり嫌な雰囲気の中のアドバイスはなかなか入らないと思いました。

⑥PCAGIP法を実際に体験してみて、まず席に着いた時は不安だったが、グループであり自分一人ではないということ、**またファシリテーターとのやりとりが徐々に不安を取り除いていき、エンジンがじわじわと温まってくるような感じを覚えた**。その頃には、全体で見ても、皆、不安なく自分の意見を伝えられるようになっており、正直なところ、もう少しグループでの対話を続けたい、時間が足りないというふうに感じた。このジリジリと来る感じは、グループに限らず一対一の面接でも沸き起こるものなんだろうなと思った。しかし、**連帯感というか所属感というか、そういった感覚はグループならではのように思った**。正に、グループの醍醐味の一部を味わった気分だった。

## Bグループの報告(6人)

①観察者としての参加でしたが、話がつくり上げられていくプロセスを見ているのはとても新鮮な体験でした。話ができていく中で遠くから何も言わず見ていることで、自分の中で聞きたいと思うことが絞り込

まれていく感じや、話の中での物足りなさを感じる部分を見つけることができたと思う。また、普段おこなっているカンファレンスのようなピリピリした空気は少なく、発言を求められた時の話しやすさがあったように感じた。

② 〈全体を通して〉当初はぼんやりしていた**事例提供者とSくんとの関係が、質問がされるたびにはっきりと浮かび上がってくる感覚があり**ました。それぞれの質問は独立しているようで、実はどこかでつながっており、それぞれの項目が関連しあって、全体の状況がつくり上げられているのだということがわかったような気がします。事例提供者の悩みの種は1つではなく複雑に絡み合っており、幾重にも重なっていました。「問題の解決」は一筋縄ではいかないどころか、不可能なのではないか？　とさえ感じました。しかし、**PCAGIP法の場で目指されるべきは問題の解決などではなく、事例提供者が、事例の全体像を把握し、さまざまな視点を得るということだったのではないかと感**じています。

　〈記録者として〉はじめは「何を書けばよいのか」「何を書くのが適切か」と不安と緊張でうまく書くことができなかったと感じています。もう一人の記録者がいたことについてですが、セッションが進むにつれて連携がとれ、どちらが今、何を担当し、何を書いているかについて"話さずともわかる"といった連帯感さえ生まれたように感じます。質問がどんどんスマートになっていく感覚や、事例提供者の応答も焦点が合っていく（焦点を合わせていく？）感じもあり、グループならではのメンバーの"力"を感じた体験でした。**その中でも、時折、セッションをまとめてくださるファシリテーターの存在が、セッションの進行および雰囲気に大きく影響していたように感じました。"批判をしない"というスタンスが大きくグループ全体に影響し、よい雰囲気をつくっていたのではないかと感**じています。

③最初は事例資料に書いてあることがすべてだろうと感じ、質問も浮かばなかったが、ほかの人たちの質問によってだんだんといろんな部分の詳細が肉付けされていくにつれて「じゃあここはどうだったのだろう？　なんて思ったのだろう？」と、疑問がわいてくるような感じがしました。

　また、自分だったらどう感じて、どう対応したかなどと想像しながら事例資料を読んでいく中で行き詰まりを感じたが、**ほかの人の意見には自分には想定できなかった方向性が多数あって、新しい発見とひらめきにうれしくなりました。**

　それから、**一番感じたのは"否定されない安心感"**です。たまに「もっと――したらよかったのでは？」という否定とも受けとれる意見が出たりもしましたが、それを瞬時にファシリテーターが柔らかい言い方に置き換えてフォローすることで、**発表者が過去の自分を否定されたという感じは残らないんだろうなと感じました。**

④グループの雰囲気がすごくよかったのですが、ファシリテーターの温かい雰囲気が出ていたのかなぁと思いました。グループではメンバーの力を引き出すことができ、多様な見方が得られるということ、しかし、そのためにはファシリテーターが必要だということがすごくよくわかりました。グループの中でだんだん話が深まっていくのが感じられましたし、事例提供者がみんなの意見を、そういう見方もあったんだなぁと受け入れられている様子も感じられました。**途中でファシリテーターが足りない部分を指摘してくださったり、Sくんやキャプテンの気持ちはどうだったのかなぁと感情に焦点を当ててくださったので、より理解が深まり、セッションが進んだと思いました。**また、ファシリテーターの役割がすごく大事だし、難しいなぁと思いました。温かい雰囲気の中で、批判的なことを言わず、ポジティブなレベルでの話し合いをするというのは、人間の肯定的なところを刺激され、いろんな可能性が出てくるのだなぁと感じました。ロジャーズがされた

ように、話し合いで世界平和を目指すということも不可能ではないと感じました。

⑤PCAGIP法に今回、オブザーバーとして参加しました。最初は、何が何やらという感じをもっていました。なんとなくもやもやした、訳のわからない思いというのが、その事例に対してありましたが、その思いに最後には名前までつけることができました。そこで、こういうことだったのかという腑に落ちた感覚がもてました。こうしたことに対し、事前に体験したフォーカシングとどこか共通する過程があったように思います。また、こうした理解をもつために、集団というものがものすごい力をもっていることも実感できました。**他人の発言から自分の連想がひろがって、それがまた他の人を刺激していくという流れ**がオブザーバーとして見えて、**集団というものの勉強**になりました。

⑥事例提供者がメンバーの意見（対処方法）について、一人ひとりに返事を返していくことが、ゆっくりと、しっかり話していく感じとか、話したことでの不安を解消しているように感じました。提供される話の筋を理解することは、とても難しくて、自分の理解と事例提供者とのズレはないだろうかと不安になりました。しかし、そうしたズレが生じたとしても、事例提供者にとっては「そう受けとられることがあるんだな」という気づきにもつながると思い、グループで話すことで、いろいろな価値観に気づける場になると思いました。

## Cグループの報告（7人）

①私は記録者として参加したのですが、**自分の記録がだんだんと整理されて書けるようになっていく感じと、グループの話し合いが整理されていくような感じが、相互にリンクしているように**体験されたのがとても印象的でした。グループの中でだんだんと事例の焦点がはっきり

としてきて、そのプロセスの中ではじめ聞いていてもよくわからなかったことが、だんだんとわかるようになり、整理され、さらにはどういった言葉で表したらコンパクトに表現できるかを吟味できるような余裕も生まれてきました。また、その整理されたものが、互いにつながっているという感じも抱くようになり、**事例に描かれた事例提供者のいたその時、その場の状況が包括的にイメージされてきました**。まるで自分が体験しているような感覚を覚えるほど実感が得られ、提案やコメントも親身に、そして具体的に浮かんできました。とても新鮮な体験でした。

②さまざまな意見が出されていて、一つ気になったことが、「批判をしない」というルールのもとでの発言は守られていたが、途中、「こうしたらよかったのでは」という発言を聞き、「批判」ではないが、ニュアンスとして「否定的なもの」を感じることもあるのではないかと感じました。ただ単に集団で話し合いをするのではなく、ファシリテーターや記録者の役割をつくることで、事例の見方に幅をもたせているというふうに考えた。

③場の雰囲気をフロアから見て感じていました。はじめは事例提供者、参加者ともにかたい感じだったのも、順番に質問をして、やりとりをしていく中で、やわらかく、時には笑いも起こって、一体感が少しずつ出てきたように感じました。**ファシリテーターが事例提供者の隣に座るというのはとても驚きました**。事例提供者としては、ファシリテーターが隣にいることでの安心感はありますが、ファシリテーターとしては、提供者の反応や表情を見ることができないので、やりづらさはないのかと少し疑問でもありました。座り方が円形というのはとてもおもしろかったです。たいてい、記録者はグループの輪の外にいることが多いので、半円になることで、フロアから見ていても視覚的にも一体感を感じました。実際に中に入っている参加者はもっと一体感

を感じるのではないかと思って見ていました。1つのことにこれだけの人たちが取り組む力を生で見ていて感激しました。「浅く広く」から始まったのが、質疑応答をくり返していく中で、「深く狭く」という風に変化したように感じ、場全体での深まりを感じました。同じ場におけるダイナミクスを感じた体験になったと思っています。貴重な体験ができ楽しかったです。また、私自身も自分の内面に向き合うことが多く、輪の中に入っているような体験をしながら聴いていました。

④グループのメンバーの発言・質問を軸に話し合いが進みながらも絶妙のタイミングで最小の助言やヒントを与えるファシリテーターの存在というのは非常に大切で、そのファシリテーターの存在によって、話し合いの方向性などをグループのメンバーが変えたり修正したりしながら整理されていっている過程が、今までに無い感じで新鮮だった。フロアから鑑賞しているとメンバー全員の動向が感じとれるが、最初はそれぞれが個別の視点から質問を加えていきながら、メンバー全員の質問が出揃うとそれをグループで共有しながらつくり上げていく感じが非常に強くあったように思う。まずは個ありきで始まりながらも最後にはグループとしての意見の道筋が通っていく感じがフロアからも感じられたので、実際に参加しているメンバーにはもっと強く感じられたのではないかと思う。記録者の記述がすっきりしてくるのとメンバーの話し合いの道筋ができてくるのがまさに互いの相乗効果といった感じで、よりグループ間の話し合いの流れを促進しているように思う。

⑤話が進むにつれて、今までのカンファレンスの雰囲気とは違い、話しやすく仲のよい友人同士が悩み相談をしている場面のように感じた。ファシリテーターの存在によって事例提供者とまわりの発言者が情報をきちんと共有し、考える余裕をもたせる効果があったと思う。記録を黒板に書いた効果も大きかったと思う。事例提供者にとって、ファ

シリテーターの存在はとても大きく、「守られている」感覚を得られていたなら、よかったと思う。そして、皆が参加している雰囲気がとてもよく、皆が発言することで、事例提供者の不安が少なくなったと思う。

⑥グループ全員が発言できるというのがすてきだなと思いました。心に思っていても、当ててもらわなければ言えない人も多いと思うので、**順番に発表するというのは安心感もあっていい方法だと思いました。**あとは、記録を見ていて、少しずつまとまっていく感じがよかったです。個人的には話された順番がわかるような書き方だと、より理解しやすかったり、振り返りやすかったなと思いました。

⑦外から見ていて、最初は事例提供者もメンバーも記録者も緊張しているのが伝わってきたが、いつの間にかみんなペースをつかんできたように感じた。メンバーが緊張している時にファシリテーターがコメントを加えたり、少し笑いを交えることも緊張を緩和するために必要なことだと思う。**議論やディベートというより、本当に「話し合い」という印象を強く受け、外から見ていて参加してみたいと思った。**また、事例はみんながイメージしやすいものであることも、グループの展開に影響を与えているなぁと感じた。

## ■ Dグループの報告（6人）

①今回初めてPCAGIP法を体験して感じたのは、情報（詳細）がだんだんと明らかになってくるにつれて、最初はぼんやりとしていた事例の全体像が固まってきて、また自分が想像していたものと違う部分が出てきたりして、事例の内容に強く惹きつけられたということだった。普段の事例検討ではある程度書いてある内容で満足したり「書いていないのだから、聞いても詳細はわからないだろう」と決めつけてしま

っている部分もある。そのため今回のように少しずつ情報が出てくるということは、最後まで事例提供者以外の参加者を惹きつけることができると思う。また、事例提供者に対し肯定的に接することで場の雰囲気が緊迫したものにならず、言いたいこと、聞きたいことが質問として出たように感じた。記録を板書してくれることにより、忘れてしまいそうになる情報や聞き逃した情報の確認になるので、話の内容を整理しやすかった。

②今回私は、オブザーバーとしてPCAGIP法に参加しました。はじめ、事例提供者が簡単に概要を説明し、参加者が質問し、記録者が記録をとる中で、**事例の対象者になっているSくんについて、また、Sくんとそのまわりの環境、Sくんと事例提供者との関係について少しずつ明確になっていき、客観的にその全体像が見えていったのが面白く感**じた。また、事例提供者のやり方を"絶対批判しないこと"を約束としておこなわれる話し合いは、事例提供者を守るという意味で大きいと感じた。何人かの意見やアドバイスに対して、私は後ろから聞いていて、事例提供者を傷つけてしまうのではないかとハラハラする場面が何度かあったのだが、後で事例提供者本人に聞くと、そんなことはなかったと言っていた。グループ全体の意識の中に、"批判しない"という約束が前提にあって、事例提供者の事を思い真剣に考えだされる意見であるからこそ、傷つき体験にならずにその場がうまく成り立っているのだろうと感じた。

③PCAGIP法を実践する際、私は観察者として外から見ているだけだったのですが、スムーズに、淡々と進んでいるなと思っていました。ただ、**中で実際に進めている人たちは生き生きとしていて、セッションが終わった後に、「すごかったな」と言っていて、すごくすっきりとした顔になっていたのが印象的でした**。やはり、実際にやる側に立つと、話を聞く姿勢や次の質問は何を聞こうと考えることなど、すべて

が能動的で集中しているのだなと思いました。

　また、途中（第２ステップ）で「自分はこうすればいいと思う」と意見を述べるときに、"事例提供者の批判をせずに"意見を述べるというのが、難しそうだと感じました。「事例提供者はこう言っておられたが、自分はこういう方法もあるのではないかと思う」など、言い方によっては、なんとなく事例提供者に意見を押しつけているように感じることもあるからです。言い方には気をつけて発言しなければならないと思いました。

④いろんな人の意見や考えが聞けて、さまざまな角度からの視点がもてるので、問題の理解が深まる。そうすると、解決に向けての道が開けてくると感じた。事例提供者は、否定されないという安心感からも失敗してしまったことも言いやすくなると感じた。限られた人数、一人一回は発言するとのことで、参加意欲も高まったと思う。

⑤最初の少ない情報から少しずつ新しい情報が追加されて状況がわかってくる過程が楽しかった。問題が解決したり、１つの正解にたどり着けるわけではないが、終わったときに事例提供者も参加者も納得がいくような気持ちになれる気がした。また、最初は順番に、次は自由にという発表のしかたは、参加者が発表しやすい環境をうまくつくり出せているように感じた。

⑥１人ずつ質問をできる機会があるおかげで、すごく多くの方向から事例を見ることができたと思います。**１人ずつ発言や質問をおこなえるというのは、そこにいる人の時間がきちんと確保されているということで、これはその人の存在がその場で保障されているということだと思いました。**だからこそ自分の視点で意見を述べられる安心感があるのだと感じました。

## 5．参加者から見たPCAGIP法の意味

ここでは、今回の貴重な参加体験感想を読んでみて、筆者がそれらを6つの視点に整理し、まとめることにした。

### 1 ファシリテーターの機能をめぐって

①絶妙のタイミングで、最小の助言やヒントを与えること
②発言者の意見をより伝わりやすいように、事例提供者に伝えていること
③何を話してもよいという安心感を与える雰囲気をつくっていたこと
④時折、セッションの進行をまとめたり、確認したりする作業をしていたこと
⑤ファシリテーターの存在で、メンバーが「守られている感覚」を味わっていること

### 2 初期緊張の解消

参加者のグループ体験のプロセスは「よい質問をしなくちゃいけない」こだわりから、「どんな質問でもいいという安心感」に変化する傾向が見られた。さらに「自分で発言したくなる」「役に立ちたい」気持ちになり、「自然に疑問、質問が浮かんで来る」ように変化する。初期の緊張を緩和するファシリテーターの役割が大切である。ここまで参加者が自由になり展開すると、メンバー独自の面白いアイデアが生まれ、それが他のメンバーを刺激して深まっていくプロセスが展開することが多い。

## ■3 発想の転換――解決志向から理解志向へ

　メンバーの事例提供者に対する関わりが、Ｓくんの気持ちや対人関係などの焦点から事例提供者の気持ちや内面に向けられると、理解のレベルが情報質問から事例提供者の気持ちに焦点が当たるようになる。すると、事例提供者は、Ｓくんとの生のやりとりをリアルに再体験するようになるので、事例提供者とメンバーの相互作用の質がエンカウンター・グループのような、相互理解に変化する。質問が「浅く広く」から「狭く深く」になると、メンバー相互の理解が深まり、Ｓくんや事例提供者への理解が深まる。ここに事例提供者とメンバー相互の課題の共有感、相互連帯感、充実感が生まれてくる。村山の言う「共創」感から、達成感も生まれてくる。そうなると解決志向が弱まり、理解志向が強くなる傾向がある。

　「問題が解決したり、1つの正解にたどりつくわけでもない」が、グループ・ワークが終了すると、メンバー相互の納得感、みんなでやったという達成感が生まれてくるのがPCAGIP法の特徴である。

## ■4 一人ひとりの存在感の保証

　この方法では、「4球方式」(第2章参照) で質問していく。第1ラウンドから第2ラウンドで1人ずつ順番に発言する方式をとっている。この方式を「その人の存在がその場で保障されている」と書いた人がいたが、筆者はこれほど意味深いとは思わなかった。一人ひとりの安全感保障の大切さを改めて示唆された感じである。

## ■5 黒板(ホワイトボード)と記録者の意味

　この方法では、「情報の共有」をきわめて重要視している。「聞き逃しても安心」「話の内容を整理する」などの重要な機能を果たしているこ

とがここでも多数述べられている。

## 6 第2ステップの問題

　この方法の第2ステップの必要性を疑問視する指摘があった。「理解に徹する第1ステップが重要であること」はくり返し述べてきた。2・3ステップ設定はインシデント・プロセスからの贈り物であることも述べてきた。「事例提供者の発言は批判しない」とする原則に第2ステップは抵触することが多い。時には、我慢していた批判的言辞が飛びだし、この方法をつくり出す動機になった「事例提供者に反省を強いる従来の臨床カンファレンス」と同じことをやっていることになりかねない。これは、「事例提供者を被告にしない」という本法の大目標とも矛盾することになる。

　本事例では、事例提供者は第2ステップにおけるメンバーの批判的発言を素直な助言として、受けとっていた。批判と言うより、親しい友だちの助言として受けとったという。今回のグループでメンバー相互の信頼関係が深く発展したからこの受けとりができたのである。いずれにしても、第2ステップの設定を必要とするかは、今後の重要な検討課題であることは間違いない。現段階ではその時の状況に応じてファシリテーターが判断することにしている。

［謝辞］　当時修士2回生だった髙橋茉与さんには、ワークショップ企画の最初から最後までご協力いただいたことに感謝申し上げます。また、原稿が何とかここまでまとまったのは、辛抱強く支えてくださった松瀬喜治佛教大学臨床心理センター所長のおかげであり、心から感謝いたします。

（本章は村山正治、神明悠司（2010）「PCAGIP法の体験実習──参加者の報告と感想」『佛教大学臨床心理学研究紀要』、**16**、87〜96頁の一部を転載し、加筆・修正したものである）

# 第7章

# PCAGIP法の教師への実践

渡辺　隆

## 1．はじめに

　筆者はこれまで、学校現場の先生方とともに不登校の児童に関する事例研究会をおこなってきた。ある時、播磨自然高原でおこなわれた、村山正治先生が講師・ファシリテーターのPCAGIP法のワークショップに参加した。秋晴れのさわやかな天気に恵まれた3日間、「播磨の杜」の中にある研修センターで、フットセラピーの体験を交えてゆったりした3つのセッションを体験した。セッションでは事例提供者が安心できるのはもちろん、場全体に自由に動ける雰囲気が生まれたように感じた。村山先生がつくり出す雰囲気が「事例提供者のやり方を批判しない」という約束とあいまって、グループ全体に独特の安全感をつくり出していた。

　そのおかげで、参加者のさまざまな視点からの質問が出てきて全体の様子が見えてくると同時に、事例に対する理解が深まり、提供者自身の中にも気づきが生まれてきた。2時間ほど話し合いを続けてくると、以前エンカウンター・グループを体験していた時に感じた、「余分なものが取れて飾らない自分として動いている」感覚を味わっていた。村山先生も次第にファシリテーターとしての役割から退かれ、1人のメンバー

としてその場にいるというように変わってきた。振り返ってみて、みんなが一緒になって温かく自由な雰囲気をつくっていくこと、それが新たな気づきを生む土壌になっていることを痛感した。

ワークショップの後、PCAGIP法を筆者が関わっている事例研究会で使ってみてはどうかと考え、実践した。本章は、その実践を通してPCAGIP法の教師に対する適用の方法と意義を考えるものである。

## 2．事例研究会の概要

筆者が関わっているのは地元の市教育委員会が、不登校やいじめを防ぐためにつくった協議会主催の事例研究会である。筆者は5年ほど前から小学校部会の講師を担当していた。参加者は不登校の児童との関わりで悩んでいる若い先生たちが多かった。事例の発表者を決めてみんなで話し合い、筆者がコメントする形を年4回のペースでおこなってきた。ただでさえ仕事に追われて余裕をなくしている先生たちにとって、資料を準備するのはかなりの負担になるので、時には資料なしでその場で困っている気持ちを語ってもらうこともあった。筆者の中に、疲れている先生たちに、何とか元気になってもらえるような事例研究会にならないものかという思いが生まれていたところであった。

## 3．PCAGIP法の事例研究会への適用

### 1　1回目

PCAGIP法という方法を紹介し、参加者間で理解を共有することを目的としておこなった。はじめは村山先生のPCAGIP法の論文（村山ら、2009）で説明するつもりだったが、説明するよりも体験してもらおうと

思い、PCAGIP法について200字ほどの短い資料をつくり、記録者を2人決め、論文に書いてあった通りの進め方でおこなった。筆者は、事例提供者兼ファシリテーターとして動いた。メンバーからの質問もたくさん出て、今までの事例研究の時よりも和やかな雰囲気になり、意見もたくさん出て、会の終わりにはPCAGIP法の進め方についての理解が深まった。

## 2 2回目

　PCAGIP法を本格的に事例研究の方法として実践することを目的としておこなった。参加者は8人で、筆者がワークショップに参加した年の10月に、ある小学校の会議室でおこなった。構成メンバーは、事例提供者A、記録者B・C、ファシリテーターは筆者、参加者D〜Gである。
　個人情報の問題を配慮し、内容を一部改変している。

### (a) A先生の提供資料

> 　小学校5年生のX子は、今年度に入ってから［10月までに］20日ほど欠席している。3年生や4年生の時は、年間で50日前後休んでいた。欠席理由は、腹痛、頭痛、体調不良など。
> 　担任として気になることは、母子分離ができていない感じがすること、体育が好きではなく、行事の時に欠席が増えてしまうこと。

### (b) PCAGIP法のプロセス
〈第1ステップ〉参加者が事例提供者とその事例を理解することに徹する
- はじめに事例提供者Aが、資料を見ながら説明をした。気になることについて補足して話した後、自分の指導方法はよいかどうかを参加者に投げかけた。
- ファシリテーターが、「メモをとらないこと」「事例提供者のやり方を

絶対に批判しないこと」を確認した後、交代で一人一問ずつ質問をしていった。勉強面の理解について、仲のよい友だちについて、体育の授業の前に不調を訴えることについて、母子分離できていないと感じることについて、家族について、などたくさんの質問が出て、Aが詳しく答えていた。30分を過ぎた頃からは、母親の動きに焦点を当てる質問や意見が出始めた。Aは、自分が独身であり、子どももいないので、母親の動きや気持ちについて、経験のある参加者に質問し、その参加者が答えるという動きも生まれた。45分ほどたったところで、ファシリテーターが黒板を見ながら、母親の行動や気持ちについて書かれている部分をピックアップしてまとめ、今からは担任としてどう関わっていったらいいのかについて、意見を出し合っていこうと投げかけた。

〈第2ステップ〉全体構図をもとに、援助・指導の見通しを立てる
- 記録者Bから、「お母さんは本当は悩んでいるのではないか」という意見が出たことをきっかけに話し合いが始まった。参加者Dから、「そこまで悩んでいるとは思えない、お母さんは気づいていないのではないか」という反対の意見も出したし、スクールカウンセラーをすすめた時のお母さんの動きになどについて、たくさんの意見が出てきた。
- ファシリテーターから、違う意見をそのまま記録しておくだけでいいこと、結論を1つにまとめなくてもいいことを伝えて、事例提供者Aの中に何か気づきが生まれればそれでいいということを確認した。

〈第3ステップ〉実際の関わりをイメージする
- 記録者Bから、「自分には母親としての体験があるので、自分ならお母さんに対してこんな接し方をしたいと思う」という意見が出た。この意見をきっかけに、他の参加者からも私だったらどう思うかというところで意見が出てきた。最後にAから「今まではお母さんに要求する思いが強かったけれど、そればっかりではいかんのかなぁとも感じ

た。子どもにどう接するかということよりも、お母さん側の気持ちを考えていこうと思う。いい気づきをもらいました」という感想が出された。ファシリテーターから、さまざまな視点からの質問があったことと、メンバー全員でつくり上げた安心して語り合えるこの場の雰囲気から気づきが生まれたことを確認して終了した。

(c) 体験者の感想
〈事例提供者 A〉
　今日の交流から、母親が本当は悩んでいるのではないかという視点を与えられ、ハッとしました。どうしたらよいかわからない状況は、とても辛いものです。X子への働きかけ、声かけだけでなく、母親への対応も十分考えていったほうがいいと思いました。
〈記録者 B〉
　記録者を体験し、みなさんの話をまとめていくと、自然に大切なものが見えてきた気がしました。ファシリテーターが、緑色のチョークで、お母さんの思いの部分に印をつけてくれたことで、この子のお母さんの思いが一気に浮き彫りにされ、私の心に届いた気がして、一気にしゃべってしまいました。しゃべり過ぎてしまったと反省していますが、A先生がお母さんの思いに寄り添いたいと言ってくださったので、少し救われました。
〈記録者 C〉
　今回は記録者だったので、話を聞きながらまとめていくことが難しいなあと感じました。ですが、自分が疑問に感じたことを他の先生方が話題に出してくださったので、後半になるほど話が焦点化する様子がよくわかりました。
〈参加者 D〉
　まず、みんなでつくり上げたという感じがあります。最初は、X子のことを自分が経験してきたあの子と似ているかな、この子と似ているかなと想像しながら聞いていましたが、どの子とも違いました。お母さん

を決して責めずに、お母さんのいいところをほめながら考えていくとよいと思います。
〈参加者 E〉
　いろんな先生方の話を聞くことで、私も自信がついたような気がする。見たこともないこの子にエールを送りたくなった。また、次の年、その次の年にこの子がどうなったのかを知りたいと思うようになった。
〈参加者 F〉
　個を批判しない、1つの解決方法を見つけようとしないというこの事例研究から、私も保護者への見方の1つを学びました。私と子どもとの関係だけでなく、親への励ましから変わっていけたらと思いました。
〈参加者 G〉
　問題だと思っていたことの解決への糸口は、意外なところから発見できるということが、話し合いをしていて理解できた。母親とのコミュニケーション、連絡の必要性が大変身に沁みた。自分は毎日の連絡が事務的な形になっていたので、今回ハッとさせられた。

## 4．考察

### 1 PCAGIP法の効果

　これまで学校現場でおこなってきた多くの事例研究会での教師支援の方法とPCAGIP法との違いについて、今回の実践を通して考えてみたい。この方法を学ぶ前の筆者が体験したように、教師にとって事例研究の場は大切なことを学ぶ場ではあるが、いざ自分が事例を出すとなると負担が大きいし、その場ではまさに"まな板の上の鯉"の状態になり、強い緊張感で安心して本音を出せる場ではなかったと思う。ところが、PCAGIP法を実践してみると、事例提供者を批判しない、メモをとらないという約束が大きな効果を発揮し、最初は緊張していた参加者が次第

に安心して話し合うようになり、さらに、さまざまな視点からの自由な発想を伝え合うことができてきた。だからこそ、事例提供者の中に新たな気づきが生まれたのだと思う。これは、参加者Dの感想の「まず、みんなでつくり上げたという感じがあります」という言葉にも現れている。これこそ、参加者中心の相互啓発プロセスだと言えるのではないか。もう1つ重要なのは、参加者とファシリテーターは共創の立場にあるということである。実践しているときに、筆者が配慮したのはこの点である。教えたり指導したりせずに、PCAGIP法の原則を精いっぱい伝えようとしただけであったが、後半になるにつれメンバー全員が自由に動くようになり、その分ファシリテーターは参加者の一員になっていた。

## 2 PCAGIP法の活用

　PCAGIP法を学校現場の事例研究会などで活用しようとする場合、いくつか必要なことがあるので、その点について考えてみたい。まず、最初に導入するときに工夫が必要である。この年は筆者も初めての実践で、1回目にやり方を体験してもらう方法をとった。次の年には要点をまとめたプリントを使って説明し、すぐに参加者全員にその場で事例を書いてもらった。すると、事例をすぐに取り上げてほしいという要望があったので、残りの時間を使ってPCAGIP法をおこなった。参加者の要望に臨機応変に対応できるようにしておく必要がある。また、事例の提示については100字から200字くらいの短い資料で十分である。かえって質問が活発になり、思わぬ質問も出てくる可能性があるので、効果的だと言える。また、資料があるにこしたことはないが、緊急のケースなどの場合は口頭での提示でも同じようにやることができたので、それでもかまわないと考えている。

## 5．おわりに

　筆者のこの実践は、最初の年の1回目と2回目の実践をまとめたものである。この後も、3回目と4回目の事例研究会をおこなったが、参加者も進め方がよくわかってきて、まさに和気あいあいといった雰囲気の中で、事例提供者はもちろんのこと、参加者一人ひとりにも自分なりの気づきが生まれてきた。ある一人の参加者の感想がそのことを端的に表しているように思えるので、それを最後に紹介したい。

　「新しい試みであるPCAGIP法を通して、仲間とざっくばらんに話すことで、その子ともっと寄り添っていこうと感じることができるのはとても大切だし、必要なことだと感じた。そして何より、こちらも無理せず、子どもに無理を強いることなく付き合っていこうと思う」。

# 第8章

# 企業管理職のための
# PCAGIP法を用いた事例検討

中田行重

## 1. はじめに

　"産業カウンセリング"や"EAP（Employee Assistance Program：従業員支援プログラム）"という言葉が知られるようになり、職場で悩みがあったら心理カウンセリングに行く、という考え方が普通のこととして広がってきた。心理臨床の業界でも、従来は"病院心理臨床"と"教育心理臨床"が2大領域だったのが、時代の変化とともに多くの領域にまたがるようになってきたのであるが、その中に"産業心理臨床"が重要な領域として加わってきた。どんな問題が産業心理臨床として取り扱われているかについては、2002年時点での『現代のエスプリ』には、①うつや不安障害、適応障害などの症状が出て仕事ができなくなった社員に対する相談など。典型的にはストレッサーへの対処を助けるべくカウンセリングや自律訓練をおこなう（たとえば、松田ら、2007）、②予防的に精神衛生を保つための心理教育。社員におこなう場合と管理職へ研修をおこなう場合がある、③昇進・転職その他キャリア設計を援助するためのキャリアカウンセリング（渡辺ら、2002）が挙げられている。
　筆者がおこなっている心療内科・精神科クリニックのカウンセリングでは、企業で働く人でうつ症状や適応障害、不安障害などを患って受診

## 第8章 企業管理職のためのPCAGIP法を用いた事例検討

する方にたくさんお会いする。その多くが職場のストレスを抱えている。もちろん、世の中には職場のストレスがあってもメンタルな症状を患わない人も多いし（むしろそのほうがずっと多い）、そのような症状があっても、そのきっかけは職場のストレスではなく、家族やその他のことが背景になっていると思われる人もいる。しかし、職場のストレスがどうやら直接のきっかけになっているようだと思われる人の割合は相当に高いという印象である（なお、ひと言断っておくと、きっかけや要因が職場のストレスと考えられる人であっても、必ずしも心理カウンセリングをおこなうわけではない。薬物療法と療養でよくなる人も相当の割合でいる）。

　職場のストレスとはどのようなものか。たとえば、よく見られるのは昇進によるストレスである。本来、嬉しいはずの昇進がストレスになるのである。昇進することによって起こるうつ病の中には、それまで昇進を目標として頑張ってきたのに、昇進した結果、目標を失ってしまってうつ病になる人もいて、"昇進うつ病"などということもある。これは家族や居場所を失うことによってうつになるのと同じで、"対象喪失"（小此木、1979）によるうつ病である。しかし、筆者がよくお会いするのは、対象喪失によるうつではなく、昇進して仕事量や責任が重荷となる職場ストレスによるうつ病である。以下はクリニックを訪れる企業戦士から筆者がよく耳にするストレスである。

　「今までと違ってすごい量のノルマがある、期限までに仕上げなければならない、しかし部下に指示ができない、指示をしても通らない、上司は自分の状況を理解してくれない、自分一人で夜中までかかって仕事をやるが終わらない、家に帰っても仕事のことが心配で不眠が続いている、食欲もなくなる、仕事中に動悸がしたり冷や汗が出てくる、感情的に涙もろくなる、仕事でミスが出るようになる、しかし仕事をしなくてはならない、うまくいかなければ自分の責任になる」。

　これに加えて、部署が異動になったり、上司が変わったりすることもストレスになる。「今までの部署なら自分も一社員として現場の経験もあるので課長になっても対応できるが、今度の部署の仕事には全然経験

がない。一から勉強しなおさねばならず、土日も職場に出て勉強しているが頭に入らない。しかし、立場上、周囲に教えてくれ、というわけにもいかない」「上司が変わったために、今までやっていた仕事の方針ががらっと変わり、一からチームを立て直すように言われた。上司はバリバリ仕事をしてポジションが上がってきた人なので、部下の話に耳を貸そうとしない、もし相談に行ったら『泣き言を言うな』と言われそうだ」。

こうしてみると、昇進や異動などの職場内ポジションの変化はそのきっかけになりやすいだけであって、これは必ずしも昇進でなくても、似たようなストレスは組織で働く職業人の多くが抱えているものであろうと思われてくる。実際、筆者がお会いする人の中には、そうしたポジションの変化をきっかけとしない職場ストレスを話す人も少なくない。つまり、これは職場全体の問題とも言えるので、職場全体を見渡した対策として、前述した②の社内心理教育がおこなわれる必要が出てくるのである。社内心理教育にもいろいろな内容がありうるのであって、精神衛生を維持するために社員が個人的におこなうストレス・マネジメントの類の教育がおこなわれる一方で、社員のメンタルヘルスを視野に入れた職場風土を変えるための教育などもある。

また、うつ病で休職した後に、今後同じ症状にならないようにと、どのような部署が合っているのかを考えたり、職業人としての生き方を考えたりすることも多い。うつ病にならなくても自分の職業人としての方向性を再検討したりすることもある。それが上記③のキャリアカウンセリングである。

## 2．管理職の苦悩

上述した昇進によるストレスに、「部下に指示ができない、指示をしても通らない、上司は自分の状況を理解してくれない」という部分がある。つまり、管理職がコミュニケーションに苦労しているのである。筆

者のカウンセリングでの経験では、うつ病になり一時的に休職し、治療によって復職していく際、それが管理職であれ一社員であれ、このコミュニケーションの問題に何らかの形で改善が見られないと職場復帰は難しいという印象をもっている。

それは、人によっても職場によってもいろいろなパターンがあるので一概には言えないが、少し例を挙げておこう。

ある人は、上司が理解してくれず一人で悩みを抱え込んで、うつ病になってしまった。カウンセリングをしていると、その人は上司に対して怒りを感じていたことに気がついた。カウンセリングでは、その怒りを職場内で可能な範囲で上司に伝えるにはどうしたらよいかがテーマになった。結局、上司には少し背を向けて座る、ということにして怒りを表出できるようになり、復職がうまくいった。少し背を向けて座る、というたったこれだけでも人は変わるのである。逆に言うと、うつ病になる以前は、たったそれだけのことでも思いつかなかったということである。

また別のある人は、自分の職場は時間外になってもみな、仕事を続けるのが当たり前であり、自分も仕事が好きなので夜遅くまで仕事をしていた。しかし、病気になって自分の身体を守れるのは自分しかないということがわかってきた。復職するにあたり、定刻になったら職場を離れることにした。周囲からは変なふうに見られるかもしれないが、上司にはきちんと話したらよくわかってもらえた。

このように、職場のストレスには職場内コミュニケーションの問題がある。これはその問題がきっかけとなっていることもあるし、復帰の際の重要な課題になっているということもある。心療内科のクリニックで職場のストレスによるうつ症状が出ている人とカウンセリングをしながら、筆者は、うつ症状が出る以前にコミュニケーションの問題、もっと広く言うと職場内対人関係の問題に関して援助の手があれば、発症するに至らなかったのではないか、と思うことが多い。発症する前に、対人関係に関する悩みを産業カウンセリングという場で相談してはどうかと思える。ところが、筆者の産業心理臨床の経験では、部下の問題のうち

でも精神的な症状が見られるような問題であれば、上司はコンサルテーションを受けに来るが、そうでない問題、たとえば「部下が何を考えているかわからない」とか「部下にやる気が見えない」などの場合は、あまりコンサルテーションには訪れない。産業メンタルヘルスの研究においても、"労働者のメンタルヘルス"の悪化に対して管理者への対応が重要ということは書かれているが（たとえば、松田ら、2007）、管理者自身の対人関係的な悩みという面に、あまり目が向けられていないように思われる。そのような問題へのアプローチを整えることは、今後の産業臨床の重要な役割の１つであろう。

やはり、カウンセリングに相談に行く、ということ自体が抵抗のあることなのかもしれないし、それは理解できることである。本章ではその問題に対し、先に述べたコンサルテーションや心理教育ではなく、新たなアプローチとして管理職に対するPCAGIP法を紹介し、今後の産業臨床の１つとしての発展性や課題を検討するものである。

管理職にとって、カウンセリングを受けることへの抵抗があるからかもしれないと考えた筆者は、所属する大学が主催する市民講座に企業の管理者のためのPCAGIP法のワークショップを開催している。以下、その研修会の概略を記載し、研修会での事前課題として参加者から提出していただいたレポートと研修会修了後の感想をもとに、産業心理臨床におけるPCAGIP法の意義について考えてみたい。

## 3．研修会の概略

おこなっているのは「管理者のための心理的アプローチ」と銘打った全４回（１回２時間）の市民講座である。まず、参加申込者には自分が困っている部下の問題についてＡ４用紙１枚程度にまとめること、という事前課題レポートを提出してもらう。事例提供者を選ぶためであるが、モチベーションを高めるためでもある。筆者は大学教員なので、臨床心

理専門職大学院の修士課程の学生を数人、補助として参加させることが多く、修士課程1年の大学院生が小グループのファシリテーターをつとめることもある。4回のうち1回目は初めての参加者同士の顔合わせなので、ウォーミングアップのために自己開示を伴う簡単な体験課題をおこない、PCAGIP法の説明をする。2〜4回目にPCAGIP法をおこなう。事例提供者は1回につき1人を筆者が選ぶが、事前課題への記載の仕方から参加者全体にとっての学びが多いようにと、事前課題への記述の仕方や共通点の多さなどを考慮する。大学院生は1〜2人が記録者をおこない、残りの1〜2人がグループ参加者として入る。

## 4．市民講座の経験から学んだこと

### 1 事前課題に記載される問題

　事前課題は自分の部下のことで困っていることを書くことであるが、次のような内容が多い。

- 部下は仕事に対して積極的でない、仕事に対する熱意が伝わってこない。
- 自分勝手である、協調性がない。
- コミュニケーションがとれない、連絡をすべきときに連絡をしない。
- 部署全体にまとまりがない、あるいはやる気がない。
- 仕事に関する基本的な常識、態度がなっていない。
- 部下が何を考えているかわからない、どう関わってよいかわからない。

　これらの問題はいずれも何らかの意味でコミュニケーションの問題が絡んでいる。これらの問題が精神科・心療内科をうつ症状で受診する人の発症までの経過の中で語られる（上述）ことを考えると、うつ症状が

出る以前に何とかする必要があることがわかる。これらが組織に関係なく、困っていることとして勤め先の企業に無関係によく挙げられるということは、ある特定の企業の問題ではなく、日本社会の問題と言えるのかもしれない。対人関係の希薄さや、ストーカーのような人間関係の距離の異常な近さの欲求、あるいは"モンスター・ペアレンツ"に見られるような酷い身勝手など、今の日本一般に関して言われている対人関係、そしてコミュニケーションの問題が職業組織の中でも起こっている。

## ❷ 事例提供者および参加者にとっての意味

次にPCAGIP法の市民講座に参加したある方の感想を以下に記載する（個人を特定するような情報はすべて削除しているため情報量が少ないことをご了解いただきたい）。

| | |
|---|---|
| 初回の事例提供者 | 自分ひとりだと気づかないようなことに気づけてよかった。 |
| 2回目の事例提供者 | 相手を変えることを考えていたが、実際に相手を変えるのは大変なことで、自分が変わるほうが簡単だと気づいた。 |
| 3回目の事例提供者 | 普通は講師による講義という一方通行の講座がほとんどなので、今回のように話したのは初めて。業界や業種のまったく違う人、知らない人とできてよかった。事前課題は最初、これを書くのかと面倒に思ったが、書いてみたらモチベーションが上がった。文字にしてアウトプットすることの大切さを感じた。 |

| | |
|---|---|
| 参加者A | 他の方の事例を聞いて、自分に悪いこともあるのだと気がついて、自分を変えていくための解決の糸口にできるのでは、と自分を振り返った。自分のことを棚に上げているなと思いつつ、質問していた。 |
| 参加者B | 職場に戻ったら、知っている人同士、狭い社会での実施はなかなか難しい気がする。会社内でやるなら、範囲をできるだけ広げて、関連のない部署とやれたらと思った。ためになった。 |
| 参加者C | 3回を通じて、話題は「部下が問題で〜」などと書いたものから始まったが、自分で「これは部下の問題ではなく、視点や物の見方の問題なのでは」と気がついた。 |

企業管理職のためのPCAGIP法を用いた事例検討 第**8**章

　まず、事例提供者の3人の感想に共通するのは、PCAGIP法によって得られた気づきが、気がついてみれば当たり前のようなもので、自分ひとりだと気がつかないようなことに気づけたことがよかった、というものである。つまり、PCAGIP法をやったからといって、「驚くようなヒントを得た！」というようなことにはなっていない。むしろ、当たり前のことに気がついただけである。ということは、1つの職場にいて自分ひとりで考えていると、当たり前のことにも気がつけなくなっている、ということである。文字としてアウトプットしたことや職種の違う人からのフィードバックがもらえたことがよかった、などの感想を見ても、悶々と悩むのではなく、言葉にして表現すること、それを他人に聞いてもらうこと、そして、自分とは違う視点を言ってもらえる、ということが新鮮であるらしいことがわかる。つまり、それは自分の悩んでいることを人に伝えて人からのフィードバックをもらうということ、すなわちコミュニケーションをするということであって、組織で働く職業人にとってのPCAGIP法の意義はまずはその点にある。その上で、当たり前であっても、「そうか！」と気づくことができるという点にPCAGIP法のもう1つの意義がある。

　参加者の感想を見ると、参加者のほうでも気づきが起こっていることがわかる。気づいた内容そのものはこちらも驚くようなものではない。当たり前のようなことである。やはり、事例提供者でなくても、情報を聞いて事例の事実を確認して共に考える、という体験そのものが気づきを生んでいるらしい。

　すると、短い情報を提供して、質問をして事実を確認していくというプロセスそのものが、必然的に事例提供者の言語化を促し、それについてのやりとりを進展させている。すなわちコミュニケーションが起こっている。つまり、言葉にして話し、聞いて、フィードバックしながら共に考える、というだけで事例提供者と参加者の双方の内部で気づきが起こりやすくなるらしいと思われる。したがって、プロセスが大事なのである。1つひとつ質問をしてそれに答えること、批判をしないで共に考

えること、というPCAGIP法の基本的な方法そのものが重要なのである。逆に言うと、そのような単純なやりとりが職業組織の中でおろそかにされている、ということである。

したがってPCAGIP法を組織の中でやってみてはどうか、と考えるところであるが、それについては参加者Bが「知っている人同士、狭い社会での実施はなかなか難しい気がする。会社内でやるなら、範囲をできるだけ広げて、関連のない部署とやれたらと思った」と書いている。もちろんこれはBの場合であって、同じ部署でやれる職場もあるだろう。無理をして同じ部署でPCAGIP法をすべきではない。要は、1人で考えていたら考えつかないようなことに気づくということであって、そのためには言葉にして表し、それを人に伝える、ということである。そのためなら、関連のない部署の人であっても可能であるし、そのほうが安全である。

### 3 産業カウンセリングとPCAGIP法

これまでにわかってきたのは、コミュニケーションの問題が事前課題レポートに多く記載されること、PCAGIP法をやってみると、言葉にして表現する、つまりコミュニケーションをする場があるということ自体に効果がありそうだ、ということである。これほどコミュニケーションということが重要な問題であるにもかかわらず、筆者の印象では、産業カウンセリングに管理職がその問題を考えるためにやって来ることは必ずしも多くないことは上述したとおりである。もちろん筆者の職場だけのことかもしれないし、管理職の忙しさを考えると相談なんかしていられない、という事情もありそうだ、ということは了解している。また、そのことをカウンセリングで相談する管理職がいることも確かである。

しかし、管理職が産業カウンセラーを訪れないもう1つの理由として考えられるのは、産業カウンセリングそのものがコミュニケーションの場である、ということである。言葉にして自分のことを伝えるというこ

とが、さまざまな困難を伴うのかもしれない。筆者は、心理療法・カウンセリングは風土・文化的な理由で日本人に十分定着していないと考えている（Nakata, 2008）が、心理療法・カウンセリングの定着率の問題というよりは、日本における集団社会におけるコミュニケーションの問題として捉えなおす必要があるのかもしれない。

　そのような日本では、カウンセリングとは異なる、言語化してコミュニケートする場が必要である。PCAGIP法は豊かな可能性をもつ、新しいコミュニケーションの場であると考えてよいだろう。ここに紹介したのは市民講座として開催したPCAGIP法であるが、これは臨床心理士の視点から見れば、産業カウンセリングにとって代わる産業心理臨床と考えることもできるのではないかと思われる。市民講座であればカウンセリングではないので、参加への抵抗は少ないからである。また、企業の管理職の視点から見れば、自分の組織の中だけでは言いにくいことでも、このような形であれば自分の気持ちを言葉にして表現できる、ということになる。せめて自分のことを外部の人と話し合う時間くらいは会社が確保してくれると、メンタルヘルスはずいぶんよくなるのかもしれない。

## コラム 「当事者研究サポート・グループ」の可能性

押江　隆

　「当事者研究」は、北海道浦河町で暮らす統合失調症などの精神障害を抱える当事者の日々の暮らしの中から生まれたプログラムである。これは、地域で暮らすなかで当事者が直面せざるをえない幻覚や妄想などの症状、感情の爆発や暴力、薬や金銭の自己管理、家族や職場の対人関係の困難などといったさまざまな生きづらさを、当事者自身が仲間や関係者と連携しながら「研究」という視点から捉え、その困難や課題を生きやすさに変えていく術を、当事者自身が生み出していこうとする取り組みである（向谷地、2007）。当事者研究は、「研究」という視点を取り入れることによって、観察的な態度の中で、自らの抱える問題を1つの「研究テーマ」として外在化し、生きづらさの構造の解明と解消に当事者自身が主体的に取り組もうとする効果をもたらす（向谷地、2008）。専門家は、専門家のもっている知識や技術と当事者自身がもっている経験や知恵は基本的に対等であるという認識のもと、当事者自身がもっている主体的な問題解決能力を十分に発揮できるように側面的に援助する（向谷地・浦河べてるの家、2006）。

　押江・瓜﨑ら（2010）は当事者研究の発想をヒントに、サポート・グループ（高松、2009）の新しい方法として「当事者研究サポート・グループ」を開発している。当事者研究を研究法として位置づける立場もある（綾屋・熊谷、2008；中村・高松・村久保、2009；高松、2010；井内・高松、2010；中村、2010）が、本グループはグループ・アプローチやグループ療法として分類される。本グループにおける

「当事者研究サポート・グループ」の可能性　コラム

「研究」とは一種のユーモアであり、自らの問題についてメンバーの力を借りながら自分なりに考えていくことを指す。また、自らの問題を「研究テーマ」として位置づけることで、たとえ困難な問題であってもそれを「研究しがいのあるテーマ」として捉え直すことができるなど、自らの問題から距離を置き、観察的で探索的な姿勢で前向きな関心をもちながら取り組むことができる。

　本グループは概ね以下の手続きでおこなわれる。詳細は押江・瓜﨑ら（2010）を参照されたい。

①グループの方法について簡単に説明した上で、そのセッションで扱う研究テーマ（自分について考えたいこと、深めてみたいこと、取り組んでみたいテーマなど）を提出するよう促す。この際は「言い放し、聞き放し」が原則であり、質問などはしない。テーマの思い浮かばないメンバーや提出をためらうメンバーには決して無理強いしない。また、研究テーマが社会一般に関することなど自分についてのものでない場合は「それをあなた自身についての研究テーマとして捉えた場合、どのようになりますか？」などと伝え、テーマがその人ならではのものとなるよう援助する。
②提出されたテーマのうち、そのセッションで扱うテーマをメンバー間で話し合いながら１つ選ぶ。
③選ばれたテーマを提出したメンバー（テーマ提出者）は、研究テーマに仮の名前を付けるよう促す。いきなり付けるのが難しければ後回しにしてもかまわない。
④テーマ提出者は自らの研究テーマについて自由に話をし、ファシリテーターやメンバーからの質問や指摘を受けながら、その理解を深めていく。
⑤ファシリテーターは各メンバーの発言を整理し、ホワイトボードに各自の発言を要約したり図示したりするなどしながら、テーマの理解を促進する（図）。

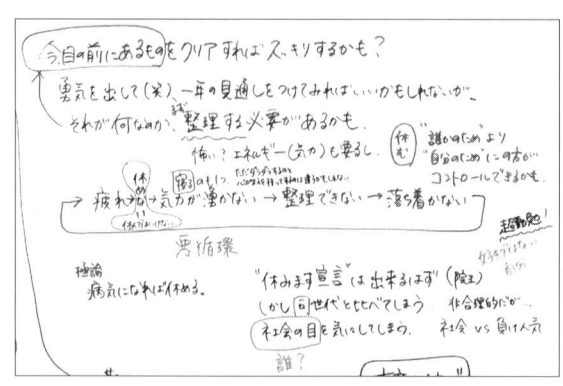

図 ホワイトボードの例（一部）

⑥終了時刻が近づいてきたら、研究テーマ名がテーマ提出者にとってしっくりくるかどうかを確認し、その実感に合わせてテーマ名を変更する。
⑦テーマ提出者とメンバーに「最後に伝えておきたいこと」があればそれを伝えてもらう。
⑧「当事者研究は一人でもできることなので、もし日常生活の中で何か気づいたことや新たにわかったことがあれば次回以降のセッションで取り上げてほしいこと」、「ここで話したことはここだけの話にすること」の２点を伝え、終了する。

　本グループは本書の主題であるPCAGIP法とよく似ているものの、以下の６点において異なる。第１に、PCAGIP法では「事例」の提供を求めるのに対し、本グループは「自分自身についての研究テーマ」の提出を求める。本グループは自己理解に特化した方法であると言える。第２に、PCAGIP法には「研究テーマに名前を付ける」場面に相当する方法が含まれていない。第３に、本グループはテーマ提出の際に「言い放し、聞き放し」を重視する、継続実施を前提とするなどサポート・グループ（高松、2009）としての特徴を有しているが、PCAGIP法にこの特徴は見られない。第４に、本グループではPCAGIP法でいうところの記録者をファシリテーターが兼任

する。第5に、PCAGIP法では「絶対に批判しない」ことがグランドルールとして掲げられるが、本グループではテーマ提出者の「研究」に役立つ言葉をかけるようメンバーに促す。第6に、本グループではメンバー全員が均等に発言の機会をもつための工夫である「4球方式」を採用していない。しかし、たいていの場合どのメンバーもよく話す印象である。筆者は本グループもPCAGIP法も共によく用いるが、本グループは自己理解や問題との接し方の変化を目的とする場合に、PCAGIP法は事例検討（押江・宮武ら、2010）やパーソン・センタード・アプローチ（PCA）の体験学習を目的とする場合（押江・青木、2010）に、と両者を使い分けている。

　事例研究や面接調査（押江、2010；押江・瓜﨑ら、2011）を通して、本グループは①これまでとは異なる新たな視点を比較的安全に提供すること、②問題と距離を置き不安が低減するなど問題との接し方が変化すること、③自分の気持ちにしたがって物事を決める自己信頼の態度を促進すること、④傾聴の姿勢が促進されるなど他者との接し方が変化することなどが示唆されている。

　これまで大学生や大学院生中心のグループ（押江、2010；押江・瓜﨑ら、2010；押江・瓜﨑ら、2011）や働くことに関するさまざまな悩みを語り合うグループを実施しており、おおむね好評である。またこの方法を応用し、ギャンブル・アディクションを抱える1人のクライエントに5人のセラピストが関わるチームカウンセリングを実施し、成果を上げている（押江・池上ら、2011；押江・中田ら、2011）。今後この方法を用いて、筆者や筆者の研究仲間により、看護師など対人援助職のためのグループや、不登校や発達障害の親の会、女性のサポート・グループなどが予定されている。ユーモアを込めて「研究」と称することで、「カウンセリング」にもち込むには敷居の高いちょっとした、それでいて人に話したくてもなかなか話せない悩みや不安を語る場としても機能しているように思われる。さまざまなニーズに対応しうるグループ・アプローチとしてその可能性を実感しており、今後も幅広い領域で活用していきたいと考えている。

## コラム PCAGIP法を用いた当事者研究

樋渡孝徳

　当事者研究とは、統合失調症など精神障害を抱えた当事者自身が、自らの抱える固有の生きづらさや困りごとに自分自身を主人公として取り組んでいくものとして始まったものである。私たち「東ふくおか当事者研究会」は、この当事者研究をセラピストのために用いていくことができないかということを目指して発足した。

　定式化された方法がないのが当事者研究であるが、本研究会ではPCAGIP法の手法を応用して実施している。簡単な流れとしては①テーマを決める：まず、各メンバーが自由に研究したいテーマを、取り上げるかどうかは別にしてブレインストーミング的に挙げていく、②テーマを眺めながら、希望をもとに当事者を決める、③PCAGIP法をおこなう、④テーマについてイメージが固まってきたら、当事者の希望により図にしてまとめたり、ロールプレイをしたりなど、当事者についてしっくりくる形で進めていく、⑤最後にそれぞれが感想を述べる、という手順である。

　この時、私たちが大切にしていることは、当事者が主体であって、最終判断は当事者がおこなうという点である。それぞれのメンバーは自由に発言するが、どの意見を取り上げるかの判断は当事者にとってしっくりくるかどうかであって、当事者の主観や感覚がその意見が妥当であるかどうかを判断する基準になる。

　PCAGIP法を用いているのもそうした理由からである。PCAGIP法においても、当事者（事例提供者）を中心に置くことが基本とされている。そして、質問の形をとっていたとしても、その中で当事

者が批判されないように注意する。質問をしていく中でイメージアップをおこなっていくインシデント・プロセス法との違いはここにあると考えられる。そうした批判をしない雰囲気の中で安心感が生まれていく。特に当事者研究においては当事者自身のことを扱っていくため、安心感がない場では実施することが難しい。

　また、そうした安心感がある場においては突拍子もない視点からの質問や回答が出てくる。そうした質問・回答はテーマに大きく深みを与えることが多いように感じられる。アルベール・カミュはかつて「あらゆる偉大な行為や偉大な思考は、滑稽な起源をもつ」と書いている。えてして論理的整合性がない思いつきというものは批判にさらされるが、無意味で無価値に見える思いつきの中にこそ、現実的価値が高い発見があると思われる。「滑稽な起源をもつ」質問や回答が出せることもPCAGIP法の大きな魅力ではないだろうか。

　このような考えをもとにして、当事者研究をおこなっていく上での合意としての取り決めをつくっている。それは以下の４つである。①当事者を被告にしない、②当事者を変えることを目的としない。当事者の困りごとの解決のお手伝いをする、③意見に良い悪いはない。だけど、自分の意見は押しつけない、④楽しさを大事にする。

　ここにはPCAGIP法における取り決めと共通する部分も多いが、それぞれについて私たちの理解を説明する。

　①当事者を被告にしないことについては、既に述べた安心感の醸成を目的としている。②についてであるが、当事者研究をおこなっていると、当事者の困りごとではなく、周囲が感じる当事者の問題に焦点が当たることがある。たとえば、「もっと時間を効率的に使いたい」というテーマだとすると、メンバーが「本人がもっと余裕をもてるようになること」という問題に焦点を当ててしまうような状況になることである。それが当事者の望む変化であるなら良いが、そうでなくメンバーが当事者の意向を無視した形の場合、それは当事者にとっての良い研究につながりにくい。そのため、メンバーは当事者を変えることを目的とせず、当事者の困りごと（テーマ）の

解決のお手伝いをすることを意識する必要があるのである。③については意見・質問の多様性を保つためにある。「滑稽な起源をもつ」質問や疑問の中にこそ金脈があると考えているため、意見に良い悪いの判断をつけない。ただ、それを押しつけるような形になってしまうと、多様性も阻害されうる上に、当事者にとっても負担となる。助言をするような場合でも当事者に「アドバイスを聞かない自由」を保障することで、押しつけられないように注意する。そして最後の④であるが、楽しくなければ良い意見は出ないという考えからの取り決めである。

　これまでの経験から、私たちの当事者研究においてはPCAGIP段階を丁寧におこなうことが重要であると考えている。PCAGIP法によってテーマについての多面的な理解がおこなわれ、そのテーマの扱われ方が次第に見えてくる。「まだ何の情報もない。情報がないうちから理論化すると、とんでもない間違いを犯す。なぜなら、人は無意識のうちに理論にあうように事実をねじ曲げてしまうからだ。本当は、事実から理論化をしなければならないのだが」とはシャーロック・ホームズの言葉である。また民俗学者の宮本常一は「理論は1つひとつの事象の中に内在しているはずである」と述べている。どうしても情報が少なくイメージがわかない状況では、当事者を含め、それぞれの理論に合うようにテーマが解釈されてしまう。それが、PCAGIP法が丁寧におこなわれることで、テーマについての当事者の事実が明確になっていく。そして、そのテーマ、当事者のもつ1つひとつの主観、事象の中にある理論が見えるようになることで、その後の段階が当事者にとって意味あるものになっていく。

　私たちの研究会では、自分の臨床観や自分が臨床において大切にしていること、そして、なぜそれを大切にしているのかといった、普段のケース・カンファレンスやスーパービジョンでは扱いにくいものを扱っている。その中で、自分の臨床でやっていること、やっていないことを改めて振り返り、また、そうしたことを通して臨床に限らない自分自身への気づきが得られることもある。「自分にと

っての治すとは何か」「なぜ自分はあるクライエントに接するときに焦りを感じてしまうのか」といった問題を、当事者研究を用いることで既存の理論や誰かの解釈からでなく、当事者にとっての理論や解釈によって理解していくことができるのである。

　もちろん、こういった臨床に関することだけでなく、日常的に感じるちょっとした困りごともテーマとして扱っている。「時間の有効活用」「生意気に思われないためには」「雑談を上手にしたい」などといったテーマもあり、そうしたことをグループでゆっくりとやることで大変有意義な時間になっている。

　私たち東ふくおか当事者研究会は、当事者にとって意味あることをおこなうということを基本にして、これからもさらに当事者研究を発展させていければと思い、活動を続けている。

# 第3部
## PCAGIP体験記

体験記1

# 心理臨床ケース・カンファレンスとPCAGIP法
――九州産業大学における実践を中心に

森川友子

　「臨床心理面接特論」という大学院修士課程1年生の必修授業で、一度PCAGIP法をやってみようということになりました。

　村山先生は、受講学生全員から前もって、事例のレポートを集めました。自分が検討してもらいたい事例の概要をB5の用紙1枚にまとめたものです。村山先生によると、むしろ用紙の半分ぐらいでよいとのことでした。集まったそれらを、この授業を共同担当していた私に見せながらおっしゃいました。「この人のもいいけど、こっちにしようかと思ってね」。チョイスの基準があるようです。「コミットメントが高いものがいいんだよ。よく関わってるのじゃないとね」。いくつもあったそのようなケースの中で、特にその1つを選ばれる理由は、私には、わかるようなわからないような感じでした。もしかしたら、「なんとかしたい」という切望、関係者同士の"はらわた"レベルのコネクションのようなものを、村山先生はB5の紙1枚から感じとっておられたのではないかと、2回おこなわれたPCAGIP法を振り返って、私はそのように感じています。

　「事例提供者」「ファシリテーター（村山先生）」「記録者」、そして10人の「質問者」でPCAGIP法が始められました。「特に何が気になっていますか？」「誰が他に関わっていますか？」「その人が好きなことは何ですか？」。一つひとつの質問のたびに、皆から「あー」「そうねー」と

いう声があがります。村山先生は、新鮮な質問、"腹に入る"ような質問に対しては「ウーン」「うん、うん」などと率直に深く唸られ、それが、学生の発問生成力・ジェニュインネス（純粋性）を刺激するようでした。「２時間ぐらいやっていたら、だーいたいわかってくるよ」との先生の言葉どおり、話題対象の人のことや事例提供者の気持ちや意図、これからやっていきたいことなどがひと通り"見えてきた、わかってきた"という空気が漂い、小高い丘のようなところに来て終了しました。

学生が、週に１回おこなわれるケース・カンファレンスの授業でもPCAGIP法をやりたいと言うのを聞いて村山先生は嬉しそうでしたが、はっきりイエスとはおっしゃいませんでした。そして間もなく定年退職されました。
　PCAGIP法を大学院の通常の授業でおこないにくいのには理由があります。１つは、「そんなことか」と思われるかもしれませんが、授業が90分だということです。院生たちは忙しく、授業延長はできません。「どうしても２時間はかかるんだよ」と村山先生はおっしゃいます。エンカウンター・グループが時間を必要とするように、PCAGIP法もそうなのでしょう。
　もう１つの理由は、PCAGIP法が心理臨床界で一般的におこなわれているケース・カンファレンスとは「違いすぎる」ということです。通常は、発表者がレジュメを使って詳しく、相談者の生い立ちや相談に至った経緯、カウンセリングの経過を発表します。時間の３分の２かそれ以上の時間を使って、発表者の発表が粛々と続き、残りの時間でフロアからの質疑やコメントがなされ、最後に、前方左隅あたりで司会をしていた偉い先生のコメントを頂くのです。フロアの人数がたとえ100人を超えても基本的にこの形です。巨匠の中には、「レジュメを読みあげるような発表は死んでいる」として、逐次問答でカンファレンスをなさる先生（鹿児島の神田橋條治先生など）もおられますが、それはあくまで鬼才のなせる技と見なされています。日本心理臨床学会の30年の歴史

とともに、レジュメの形式すらだいたい定型化されている今日、その文化に則ってカンファレンスはおこなわれているのです。

　先に挙げた巨匠やPCAGIP法に影響を受けた学生の希望で、単発的に、レジュメを使わずに全員が円形になってカンファレンスをおこなってみたこともありますが、教員たちの中にはそうしたカンファレンスは望ましくないという意見が根強くありました。「卒業して学会に出たり、職場で事例報告をするときに、発表のマナーがわかってなくて困るのはこの人たちだ」と言うのです。心理臨床の革新的な実践家・研究者を育てるなら話は別ですが、「現場で快く使っていただける」若手を育てる役割が大学院にはあるのですから、上記の意見に一理も二理もあることはおわかりいただけると思います。

　とはいえ、学生たちが今とは違うカンファレンスをやりたいと言いに来るのは、実際問題、今のカンファレンスが煮詰まっているということのあらわれでしょう。当九州産業大学では、大学院入学2年目までの学生が1学年10人程度、3年目以上の学生が1学年2～3人程度というピラミッド構造で、研究生まで入れると学年に7年ほども開きがあります。人数も常時30人以上と多いです。譲り合いの精神も出てくるし、自分の発言に全員が注目していて評価されていると思うと、発言自体が無難なものになっていきます。また、90分のうち60分間（途中で質問の時間を挟むにしても）、発表者から事実経過報告が続く中で、「ああカウンセラーは困っただろうな」「クライエントが少し変化なさったな」「私だったらこうするな」などと能動的に想像し続けていくことは、けっこうな臨床能力を前提とするものです。自分がよく知らない領域であったり、発表者の発表能力が高いとは言えない日には、大きな声では言えませんが「ついていけない」「興味がもてない」ものです。こうしたことから、特に修士課程1年生にとって、従来型のカンファレンスがどれほど意味をもっているか、はなはだ疑問と言わざるをえませんでした。

　年度終わりに「振り返り会」というのをするのですが、そこでやはり

カンファレンスで発言しにくいという院生からの声が出ました。考えていたカンファレンスを実行するときです。全員が参加・発言しやすく、内的作業も深まりやすいように、90分を以下の時間配分で、小グループ・ディスカッションを取り入れておこないました。

| | |
|---|---|
| 発表者からの事例提供 | 40〜45分 |
| 質疑 | 5分 |
| 小グループ・ディスカッション | 15〜20分 |
| 全体シェアリング（各グループからのコメント） | 20〜22分 |
| 発表者の感想 | 3分 |
| 教員（2人）からのコメント | 5分 |

　座席は最初からグループにしておいて、1グループ5〜8人程度になるよう、毎回くじ引きで席を決めます。始まったらまず発表者からの事例提供がレジュメも使いながらおこなわれます。小グループ・ディスカッションの後、各グループの代表者が、グループ全員の質問や意見を列挙するかたちで発表します。発表者は、それらに一つひとつ返答してもよいですし、最後にまとめて感想を言ったり、気になるコメントについて質問をし返すこともできます。

　1年間このカンファレンスをおこなってみて、院生にアンケートをとった結果、従来型のカンファレンスに比べてはるかに満足度が高いものでした。発表者が感じたメリットとしては「コメントの多彩さ」「コメントの質の向上」「居やすさ」、フロアが感じたメリットとしては「発言しやすさ」「ディスカッションによる考えの発展」「初学者の勉強しやすさ」「積極性」などがありました（詳細は本書末尾に記載している文献をご覧ください）。

　面白かったのは、発表者の事例提供時間についての感想でした。今までの60分間から45分間へと短縮されることで、発表者が苦労するので

はと懸念されていたのですが、アンケートの結果、小グループ・ディスカッション型カンファレンスで望ましいとされた事例提供時間は、発表者にとっては平均47.3分、フロアにとっては平均41.0分でした。フロアの立場では、30分以上〜35分未満といった短い時間でよいと答えた人も2人いました。PCAGIP法では、それこそ最初の事例提供がものの5〜6分です。事例発表というものはずいぶんと短くしたとしても、その部分の中に全体が入っていて、聴いている人にとってはけっこう推察できるものなのかもしれません。

　このようにして当大学では、カンファレンスの形式を発表者学生が選ぶようになっていますが、今のところ小グループ・ディスカッション型カンファレンスを選ぶ学生が大半となっています。

　むろん従来心理臨床界でおこなわれてきたカンファレンスにもメリットはありますから、小グループ・ディスカッション型カンファレンスに肯定的な学生や教員ばかりではありません。学生たちは従来型カンファレンスのメリットとして、「発表者とフロアが一対一でやりとりできること」「ほどよい緊張感の中でのトレーニング効果」を挙げています。じっくりと自分の感覚をさぐり、発酵させ、内容とタイミングを吟味した上で発言し、それに対する発表者の反応をリアルタイムで詳細に観察する。それはカウンセリングの場でカウンセラーがおこなうことと同質のプロセスだと言えるでしょう。

　そう考えてくるとしかし、従来型カンファレンスは、精神分析的カウンセリングのトレーニングに最も適したものではないでしょうか。なぜなら、一人の治療者が素晴らしく吟味された発言をするという治療者イメージに沿っているからです。PCAのように、カウンセラーは一促進者であるといった立場に立つと、コミュニティの中でお互いの力を使っていくとか、今ここで聴き手の中に起こってきている感じ・疑問・未精製なつぶやきを促進的に使っていくといった援助者像になってきますし、そうしたあり方に素直なカンファレンスはといえば、PCAGIP法がまさ

にそれを体現していると言えるでしょう。当大学の小グループ・ディスカッション型カンファレンスは、PCAGIP法ほどではありませんが、従来型カンファレンスよりは、（特に、人数が多い場合）PCAの立場にとっては無理がないような気がします。

　いずれにせよ、大学におけるカンファレンスは、全国的に見ても「こうやるものだ」という定型ができてしまっていますが、PCAGIP法の登場により、カンファレンスは変えても変えてもまだ改良していく余地があるものだというふうに、私には見えてきています。臨床におけるカンファレンスは、個々の現場の性質に応じて創造的に変えていくべきものなのかもしれません。

体験記2

# 職場でおこなうPCAGIP法
―― ワークショップ開催経験から見たPCAGIP法の可能性

成田有子

## 1．PCAGIP法には愛がある

　2009年に"播磨の杜の会"でおこなわれたワークショップに参加して、私はすっかりPCAGIP法の魅力にはまってしまいました。事例検討会なのに、終わった時に疲れていない、むしろ元気が出る、具体案をもち帰れる、そして何よりあたたかい、というところに魅力を感じました。PCAGIPはなぜか「ピカジップ」と読みますが、最初の「ピカ」という響きの、なんだか光っているとかひらめいているみたいな元気のいい感じが、考案者の村山先生に似ているし、PCAGIP法そのものの雰囲気にも似ていると思います。そして「ピカ」にはi（愛）があります。愛のある事例検討会は事例提供者を力づけ、参加者にも多くの気づきをもたらします。もしも組織の中でこの手法を使って問題解決を図れば、問題を抱える当事者だけでなくその組織全体の潜在能力を高めるだろうと思いました。

## 2．PCAGIP法を学ぶ

　以前から組織の可能性をより広げるための手法に関心があった私は、翌年の3月から名古屋で"PCAGIP法を学ぶ"という1日または半日のワークショップを隔月で開催させていただくことにしました。PCAGIP法による事例検討会に実際に参加していただくことによって、そのスキルを体験的に学び、参加者それぞれの所属する組織で活用していただきたいと思ったのです。1日ワークショップでは、最初に簡単にPCAGIP法のルールと流れについて説明し、そのあと午前に1ケースか2ケース、午後に2ケースおこないます。参加してくださった人たちは、主に今まで私がなんらかのつながりをもったことのある人たちか、そのご紹介の方々です。とはいえ、中には偶然私のブログを見て開催を知り、遠方から参加してくださった方もいらっしゃいます。そういうわけでグループの構成はだいたいにおいて、ジェネラルグループ（老若男女、多職種の方々）です。たまに、職種限定のPCAGIP法や、職場内PCAGIP法をおこないます。ジェネラルグループの構成メンバーはというと、企業にお勤めの方、経営者、教師、カウンセラー、大学院生、大学生、コンサルタントなどさまざまで、男女は半々くらい、年齢もさまざまです。ジェネラルグループのすばらしい点は、事例をいろいろな立場から見ることができるという点です。一方、専門家同士のグループでは、事例の状況を共有しやすいので短時間で状況の理解が進み、具体案を出し合う段階へと移ることができます。

## 3．テーマを決めておこなうPCAGIP法

　最初の頃は、特にテーマを決めずに、"人間関係において、何とかしたいと思っていること"を事例として出していただいていましたが、参

加者の方々から「テーマがある方がやりやすい」というご意見も頂いたので、"働き方×PCAGIP法"や"夢を語るPCAGIP法"のようにテーマを決めてPCAGIP法をおこなったこともあります。2011年1月に開催した"働き方×PCAGIP法"と題した、働くということについて考えるためのワークショップは、以前に"PCAGIP法を学ぶ"にご参加いただいた若い社会企業家である大橋弘宣さんという方が、「働くということについて考えるためのグループワークをPCAGIP法の手法を使ってやってみませんか?」と提案をしてくださったことから企画されたものです。このワークショップには、まだ就職活動中の大学生や、大学院を出て働き始めたばかりの人や、そろそろ定年後の人生を考えているというような年配のベテランの方々が参加者に含まれていました。若い人たちの悩みを真剣に聞き、なんとかためになるようなアドバイスがしたいという熱い思いがベテランの方々に湧き上がってきているのが感じられました。実際に就職活動中の大学生の方が事例提供者となったケースでは、最初緊張気味だった事例提供者も、次々と質問に答えていくうちにだんだんと打ちとけていき、最後には参加者全員からいろいろな励ましやアドバイスをもらって終了しました。しかし、もしもPCAGIP法のルールや枠組みがなかったらどうなっているだろう？ と思うと、もしかしたらもっと後味の悪いものになっていたのではないかと思うのです。というのは、PCAGIP法においては、"事例提供者を傷つけない"というルールがドン！ とありますので（私はこのルールが書かれたものをホワイトボード下などの全員から見える場所に貼っておきます）、1人ずつ回ってくる質問の場面においても、質問する人はかなり気を遣います。そして、かなり気を遣ってちょうどいいくらいなのです。人は少しでも気を抜くと、他者を傷つける発言をしてしまうもののようです。村山先生が、「人は傷つけられることには敏感、傷つけることには鈍感」とおっしゃっていることを、本当にそうだなぁといつも思います。人生の先輩は、若い人のためになりたいと思うあまりに、傷つけてしまうことがあるのです。このことは、どんな分野の事例検討会（ケース・カンファレン

ス）でも起こっていることだと思います。ベテランは新人のために、教師は生徒のために、親は子のために、カウンセラーはクライエントのために、なんとか力になりたいと思うあまりに、当事者が「何とかしたいと思っていること」について、十分話し終わらないうちに、自分の経験から得た知恵を教えてしまいたくなってしまうのです。ところが、これではたいていの場合、当事者が"ぺしゃんこ"になったり、"うんざり"してしまってうまくいきません。PCAGIP法による事例検討会では、よく聞いてもらい、十分に関心をもってもらい、理解しようと懸命に努力してもらい、その上でアドバイスをもらえるので、否定されたと感じることなく、心を開いて受けとることができます。

## 4．待つこと

　実際の場面においては、ファシリテーターが「あれ、大丈夫かな？」と思う場面も出てきます。事例提供者の答えが返ってきたときにメンバーが自分の考えを言ってしまうときや、質問は１回１問とルールで決められているのに２つ３つと続けて質問して問い詰めるような雰囲気にしてしまうときなどは、ファシリテーターが介入しなくてはなりません。しかし、そうしなくても、メンバー同士で「質問は１つだけですよねぇ」と冗談っぽく言ってくれたり、「まあまあ、まずは質問だけということですから」とメンバー同士で抑えてくれたりすることもあります。また、展開が行き詰まったり、本筋から脱線し始めたようなときにも、少し待っていると、メンバーの誰かが新しい動きをつくってくれたり、フォローしてくれたりします。ファシリテーターは、多少の脱線や沈黙に動じず、グループを信じてじっと待つことができないといけないようです。私は、ファシリテーターをしているときに先回りして何か言いたくなると、初めてPCAGIP法を開催する前日に村山先生からいただいたメールの「諦めないで、待つこと、何か起こります。グループは信頼で

きます」ということばを思い出すようにしています。

## 5．職場でおこなうPCAGIP法

　私のまわりでは、PCAGIP法は臨床心理士の方々よりも企業で働く方々に興味をもっていただくことのほうが多く、参加後には職場で活用していただいているようです（おそらく臨床心理士の方々は院生時代の古傷があるので、"事例検討会"と聞いただけで拒否反応が起きてしまうのではないでしょうか）。企業という組織は、いくつかの大きなグループ、その下の小さなグループというふうに、いくつもの小集団で構成されています。そこは、まるでPCAGIP法のジェネラルグループさながら、老若男女、新人からベテランまで、という構成になっていることがほとんどです。もしも、そういう小集団の中で何か困っている人がいるとして、問題解決手法のひとつとしてPCAGIP法を使えば、限られた時間内に（職場では時間の枠はとても大切で、会議の時間はきっちり決められている場合がほとんどです）、できるかぎりの情報共有をし、できるかぎり多くの人の知恵を出し合うことができると思います。実際にPCAGIP法にご参加いただいた企業にお勤めの参加者の方々は、「何らかの形でこれを使ってみたい」という感想をもたれます。そして、後日「使ってみたら会議が盛り上がった」「研修会で使ったらチームの雰囲気がよくなった」などの報告をしてくださった方もあります。

　また、企業以外の組織でもPCAGIP法は好評です。2012年度から一般社団法人「草の根ささえあいプロジェクト」の、主に「寄り添いホットライン」電話相談員の方々に、月1回程度、PCAGIP法によるケース・カンファレンスでファシリテーターをさせていただいています。普段の業務は忙しく、ゆっくりお互いの想いや悩みを聞きあう時間があまりなくても、PCAGIP法のケース・カンファレンスでは、事例提供者とメンバー間に共感が生まれ、傾聴してもらうことで気持ちがすっきりしたり、

お互いの信頼度や親密度が増します。そこでリフレッシュしていただくことにより、翌日からの業務へのモチベーションも上がるのです。

　PCAGIP法を使えば、問題を抱えた当事者も参加者も無理なく主体的に取り組むことができる上に、共感を大切にしながら問題解決のプロセスを進めていくことができるので、むやみな傷つき体験を予防し、その組織の人間関係を向上させることができるかもしれません。PCA（パーソン・センタードな考え方）による援助は、その人自身がよりよい、より適応的な選択をおこなうことができるように手助けすることですから、PCAGIP法が組織で使われるようになれば、その組織全体のありようがパーソン・センタードになっていくという可能性があります。

## 6．今の日本こそPCAGIP法

　今、日本は大きな災害を経験し、かつてないほど"絆""助け合い"が大切にされています。他の人のために何ができるだろう？　どうやったら他の人の困りごとを解決する手伝いができるだろう？　と考えたり、行動したりする人たちが多く現れ、このような流れはこれからも続くのではないかと思われます。PCAGIP法はまさに、そんな時代にぴったりの手法ではないでしょうか？　まずは何に困っているのか、何を必要としているのか、どんな背景があるのか、それらの状況をしっかりと理解した上で、援助のためのアイデアを出し合う、何かをしてあげるという上からの目線ではなく、横からの目線、まるでPCAGIP法のように円になって座り、みんなで知恵をひねりだす、そんな姿勢が今の日本に必要とされているように思えます。

体験記3

# ワークショップ開催経験から見た
# PCAGIP法の魅力

浦野俊美

　そもそも、"播磨の杜の会"が生まれたのは九重でのエンカウンター・グループの出会いがきっかけでした。2009年3月のフットセラピーのワークに始まり、2009年10月には村山先生の「ネットワークがつながっていくことが、小さな小さな、でもいきいきとした社会をつくっていくプロセスだ」との思いに支えられ、先生とご一緒する機会に恵まれました。その後もたくさんの方々との協力のもと、"播磨の杜の会"が続いています。

　ここでおこなう2泊3日のワークショップは、"新しい事例検討法「PCAGIP法」を学びフットセラピー［リフレクソロジーなどの足のセラピーのこと］も味わうワークショップ"と題して、「安全な場で知恵を出し合い、事例提供者が元気になります。雄大な山並みに恵まれた播磨の森でフットセラピーも体験する、ゆったりとした感じのワークショップです」との呼びかけから始まりました。

　「"PCAGIP"ってなんて読むの？」「"ピカジップ"って何？」「またしても不勉強のままこういうところに来てしまった」「2泊3日の事例検討会は初めて……」と、それぞれ初期不安が高まる中でのスタートでした。

　事例の資料は事前に参加者全員から提供していただき、その中からどれを当日の事例として取り扱うかは、スタッフや参加者と決めていきま

## 体験記3 ワークショップ開催経験から見たPCAGIP法の魅力

す。最初は、Ｂ５用紙に１枚ほどであった資料が、２年目からは５行くらいの内容で十分であることがわかってきました。

　お互いを知らない10人あまりの人たちが、ホワイトボードを囲んで円になります。「メモをとらない」「批判しない」との約束の中で、１人１問ずつ質問のやりとりから始まり、２泊３日の間に３～４事例を扱っていきました。

　驚くべきことに、参加者のみなさんはPCAGIP法体験の感想として「安全感」、それに１つのことを追求していく「一体感」について口をそろえて言われます。PCAGIP法の何が、事例提供者はもちろん参加者をも元気にさせるのでしょうか。

　取り扱う事例はさまざまで、仕事場の人間関係についての事例が多く、中には近所付き合いの事例もありました。ワークショップでは、セッションが進むごとにメンバー間の親密度も増してきます。

　一昨年（2010年）の最後のセッションでは、初めて臨床事例を取り上げました。従来の事例検討法では事前準備にかなりの負担感があり、緊張がつきものです。また一方的にレジュメを読むだけでは事例の理解も広がりにくいことがあります。ところが、PCAGIP法では少ない情報量から質問によってどんどん事例の情報が引き出され、「ライブ感覚で味わえた」との感想もありました。

　１人１問ずつのやりとりは２巡するのが通常ですが、参加者が慣れるにしたがって、１巡目で自由な雰囲気ができることもあります。事例提供者も参加者の質問から広がった答えが自由に出るようになります。「メモをとらない」「批判しない」というルールから、参加者の心理的構えや緊張がゆるみ、より自由な発言ができるゆとりが生まれてくるのです。事例提供者は「参加者からの質問が、指摘や批判ではなく、事例の共通理解を深めるためのやりとりとなるため、そのプロセスをつくり上げているという感覚が、事例提供者になることではっきりと認識できた」と言います。

この頃にはやりとりの記録も充実し、事例の全体像が見えやすくなります。加えて参加者からの体験談も語られると、思いがけない展開が生まれ、事例の援助の方向性が見えてくるようになっていきます。記録者のアイデアでイラストを使って事例を表現していくことで、場の雰囲気が非常に和み、事例への理解が一段と進んでいったこともありました。

事例提供者からは「事例検討の場で、距離感や無力感を感じることなく、気づきや充足感を得るとは新鮮だった」「これまで感じたことのなかった心地よい身体感覚を覚えた」との感想が得られました。他の提供者も「時間がゆったりと流れ、安心感があった」「いつもはなにかしら方向性のようなものを感じるがそれがなく、更地の状態から事例に向き合えた」などという感想を寄せています。

面白いことに、事例提供者は自分の事例の記録のあるホワイトボードをバックに、村山先生と記念写真を撮りたくなるようです。これがワークショップのいいお土産となっています。主催者側にとっても嬉しい1コマです。もう1つ思い出すのは、1年目のあるセッション。一般的に事例検討会では事例提供者の家族関係そのものは扱わないのですが、お互いに信頼関係もできたところで家族関係を扱いました。その結果、事例提供者はとてもよい体験をされて、それを契機に、その後PCAGIP法の研修を重ねられています。

ワークの楽しみは、疲れてきたらいろいろな気分転換ができることにもあります。1つにはフットセラピーが準備されています。メンバーから「お風呂で足を温めてからワークをしてみては」と提案が出されます。家族風呂の湯船にみなが座ると、それはまるでぎゅうぎゅうラッシュの電車の座席のようです。お互い身体も触れ合い足も温かくなったあと、ペアになって「人に足をさわってもらうってこんなに気持ちいいんだー」と、相手に身をゆだねる体験をして、身も心もほぐされていく快感を味わえます。日ごろ疲れきっている参加者にはなかなか好評です。体験後、「足指ソックスをはいている」「今までまったく足の裏に関心がな

かったのがお風呂でゆっくり足指をほぐすようになった」との報告がありました。

　ワークのもう1つの名物が料理です。2日目の夜のパーティには、できるだけ地場産の物をと、材料の調達を工夫して厨房人夫婦も料理と一緒に参加し、雰囲気を楽しく盛り上げてくれます。村山先生は、料理をはじめ生活全般に豊かな工夫をこらす彼らを「エキスペリメント（experiment）夫婦」と呼びます。彼らは、参加者に山のよさをたくさん体験してもらおうと、あらゆるところに工夫をしておられます。たとえば、ログハウスのまわりのハンモックもその1つ。慣れないと、ハンモックに乗ろうとして1回転してしまうことも……。子どもにタイムスリップする瞬間です。

　さらなるおまけが、この会場では森林浴ができるということです。森林浴とは、樹木から出る物質、フィトンチッド（phytoncide）に接して健康を維持する方法だそうで、健康だけではなく癒しや安らぎを与える効果もあるといいます。播磨の森の中でおいしい空気をたくさん吸って、元気になっていく……。

　私たちは樹木が茂る自然に感謝しながら、手作りのこのワークを"播磨の杜の会"と称し、回を重ねています。次回はどんな出会いがあるか楽しみです。

## 体験記4

# PCAGIP法とフォーカシング

日笠摩子・小坂淑子

## はじめに——フォーカシングとPCAGIP法

　以下に紹介するのは、日本心理臨床学会の2011年大会の自主シンポジウム「パーソン・センタード・アプローチ流の事例検討のあり方Ⅱ—PCAGIP法の実際—」を振り返って、それを主催した東京フォーカシング指向心理療法研究会でおこなった座談会のまとめである。

　東京フォーカシング指向心理療法研究会とは、2007年3月から始まった、日笠と近田輝行の周辺の、若手フォーカシング指向心理臨床家の、勉強や事例検討や研究の相互サポートの会である。フォーカシング指向心理療法の読書会、翻訳（ジェイソン『解決指向フォーカシング療法——深いセラピーを短く・短いセラピーを深く』日笠摩子監訳、金剛出版、2009）にも取り組んできている。

　この会では、2010年1月に村山先生を招いてPCAGIP法を学んだことをきっかけに、PCAGIP法を事例検討の方法として活用している。私たちの研究会の実践では、臨床事例の検討方法としてPCAGIP法が優れた方法であることが確認された。他にも私たちの研究会では、セラピストフォーカシングを含む、フォーカシング的な関わりなど、事例提供者にとって安全で有益な事例検討の方法をいろいろと試してきた。

PCAGIP法とフォーカシング 体験記4

　そのような観点から、2010年の心理臨床学会での自主シンポジウム、「パーソン・センタード・アプローチ流の事例検討のあり方Ⅰ」として、セラピストフォーカシングのデモをおこなうとともに、その他のフォーカシング的な事例の振り返り方やPCAGIP法も紹介して、安全な空気の中で、事例提供者が尊重されることの大切さとその方法を検討してきた。

　2011年の自主シンポでは、事例カンファレンスのあり方としてのPCAGIP法のよさを広く実感してもらうために、自主シンポとしては冒険であるが、研究会メンバーを事例検討参加者"金魚"とし、村山先生をファシリテーターとしてPCAGIP法のデモンストレーションをおこなった。残念なことに、この自主シンポジウムは参加者人数が少なかった。しかし、それはかえって、安全な空気を提供してくれることになったのかもしれない。そこでのPCAGIP法は私たちの研究会らしいあり方で進行し、充実したものになった。

　その自主シンポのPCAGIP法で事例を提供したのが、次ページからの文章をまとめた小坂淑子さんである。このPCAGIP法は「継続的援助をおこなってきたケースが最近休みがちになってきて、セラピストとして自分が何もできない申し訳なさを感じている。そのことがまた、クライエントとの間で悪循環を招いている気がしている」というところから出発した。その経過自体は、事例の秘密を守るためにここに載せられないが、最終的には、事例提供者は「クライエントのために何かしようとしている自分より、そのまんまの自分でいたほうがいいかもしれない」という進展を得て、終わった。自主シンポでは、時間のほとんどがデモンストレーションとなり、このやり方についての検討は不十分なまま終わってしまった。

　そこで、村山先生の要望もあり、もう一度研究会でそのデモンストレーションについて振り返ったのが、以下の座談会である。フォーカシングを基盤とする私たち流のPCAGIP、「フォーカシング指向PCAGIP法」の特徴や留意点を、読みとっていただければ幸いである。

> 2011年日本心理臨床学会自主シンポジウム
> PCAGIPの体験についての振り返り座談会
> 日　時：2011年9月11日(日)　10:00～11:00
> 場　所：大正大学
> 参加者：東京フォーカシング指向心理療法研究会（東京FOP研）メンバー（日笠摩子、堀尾直美、酒井茂樹、久羽康、佐藤文彦、島本理佳、亀田久美子、橋本薫、宮澤志津枝、高瀬健一、野々口知子、小坂淑子）

# 1. フォーカシング指向PCAGIP法

　今回の自主シンポの振り返りの座談会で、最初に日笠摩子先生より、事例提供者が普段フォーカシングの実践者であることがまず挙げられました。

（以下敬称略）

**日笠**：小坂さん（事例提供者）は、質問に答えながらフォーカシングをしていたように見えました。フォーカシングから出てくる豊かさや、そこからくる納得感があったように見えました。それがPCAGIP法の進展型と言えるかどうかはわからないけれど、私たち流のPCAGIP法のように思いました。インシデント・プロセスは、別の研究会で別のファシリテーターでも体験しましたが、そのときは情報はたくさん得られるけれど、何かおさまりきらない感じがありました。今回の自主シンポのPCAGIP法での、ふーっと納得できたという感じ、わかった感じを確かめながらの進み方とは、ずいぶん違っていました。質問やその応答が、事例提供者に響いている感じが質問者にもわかるような展開でした。

堀尾：フォーカシング指向PCAGIP法という感じですね！

　筆者としても、事例検討のときに、自分がフォーカシングをしていた自覚がありました。シンポジウムでの様子が少しでも伝わることを願いつつ、以下、事例提供者としての筆者の体験からの抜粋を記します。

　シンポジウムが始まるとき、筆者が緊張していると、「答えは出なくていいから」「発表するあなたに、何か役に立つことがあればいいから。困っている本人に、何か役に立つことがあればいいから」。そうおっしゃる村山先生に、日笠先生が「困っているのは確かです、役に立つかはやってみないとわからないけれど」。「そう、なにが起こるかは、やってみないとわからない」。会場に笑いが広がり、始まりました。

　検討が始まった当初は、質問に答えるので精一杯でした。大勢の先生方が見守るなか、事実関係を覚えているかどうかを自分に問いかけて、徐々にうつむいていったのを覚えています。しかし、隣に座っておられる村山先生が「うーんうんうん、そうそう」と横でうなずいておられるのは、ずっと肌で感じていました。"金魚"の方の質問が筆者に伝わっていないときには、村山先生が「こういうことだと思うけれど？」と筆者に確認をとってくださいました。筆者がこういうことなのかなあ、と"金魚"の方に返答すると、また「うんうん」と笑顔でうなずいてくださるので、ほっとしてマイクを置くことが数回ありました。いつのまにか、筆者は質問に答えながら回想しているような、自分がその時々の臨床場面に戻っていっているかのような気分になっていました。輪の中に足を投げ出し、「そういえば、こんなことがあった。あんなことがあった……」。一言答えるごとに、会場からの、ため息とか、「ああ」といった声が聞こえていました。マイクが行き交い、コードがこんがらがりながら、忙しく動いていったのを覚えています。

　そして、自然とフォーカシングが始まっていったのでした。筆者は浮かんできたイメージを言葉にしていきました。すると、"金魚鉢"の方

から、「その人の抱えているものは、とても深いものでは？」と声をいただきました。"金魚"の方から、「わからないけれど、そのイメージは大事にしてほしいと思う」とさらなる声を。具体的な、こうしたらいいのかも、という工夫、自分はこうしています、という体験を教えていただきました。筆者は、「なるほど！　そうか」と考えつつ、「でもうーん、できるかな、どうしたら」ともがいていました。

　時間が近づいているなか、"金魚鉢"の方から再び言葉がありました。「それだ！」と思わず膝を叩いたのを覚えています。『……悪循環の始まるポイントは、それ！』そう思っていると、「ぽんって、膝を打ってる！」笑いながら、"金魚"としておられた日笠先生が筆者の行動を言葉にしてくださいました。その言葉を聞いて、"金魚"の方々も笑っていました。『嬉しい！』。学会の事例検討の場であることを忘れ、自分が気づいたこと、それをその場に居てくださる方々が笑顔で見ていてくださることが、とても嬉しくて仕方がありませんでした。だんだん、なぜかちょっと可笑しくなってきて、勝手に言葉が出ていました。「そうしたら、何かをしようとしている自分より、ちょっと問題があっても、そのまんまの自分でいたほうがいいかもしれないと思いました」。ふわーっと、一緒に笑ってくださる声が聞こえ、たくさんの笑顔が見え、解放されていくような気分でした。『ああ、すっきりしたー！』。その人との間で悪循環を招いていた、その種は、なんとかしなければとあれこれ動く、筆者のありようにあったという、驚くほど単純な事実に気づくことができたのでした。

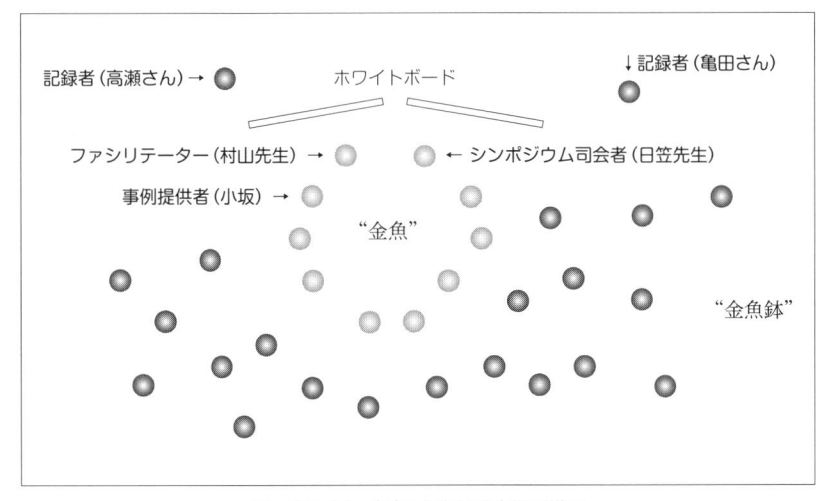

図　自主シンポジウム当日の会場の様子

　座談会では、当日記録者だった亀田さんからの感想があがりました。最初は見物していたような雰囲気だった"金魚鉢"の方々が、質問が1巡、2巡していくなかで、だんだんと"金魚"の方と同じ表情になり、事例提供者のことも一緒に考える雰囲気に入っていったということです。
　"金魚"として参加した研究会メンバーからは、会場の一体感が感じられ、フォーカシングのリスニング[*1]のようで、事例提供者のプロセスが進むことに嬉しさを感じられていたことが話されました（宮澤）。提供者が「あ！」と気づいた瞬間に会場にいた人も同時に「あ！」という感じになっていて、カウンセリングのプロセスのように、ゆっくりと時間をかけて理解が進んでいく様子が見えたというコメントがありました（野々口）。また、デモンストレーションにもかかわらず、周囲の"金魚鉢"自体がPCA的態度でいてくれることによって、むしろそれが、プロセスを促進することにつながったのではないかという意見が出されました（堀尾）。

## 2．PCA流ではないインシデント・プロセスとの比較

　その後堀尾さんより、「PCAGIP法には感じる時間がある」こと、事例提供者が感じ、立ち止まる沈黙が許容される、ゆっくりしたスピードがあったことが挙げられました。質問されるたびに、事例提供者が、事実とそれについての感じに焦点をあてていたことも特徴として指摘されました。ゆっくりと立ち止まりつつ、質問から引き出される"感じ"にとどまることが、一般のインシデント・プロセスとの違いでしょう。

久羽：PCAであるという部分が大事だという気がします。パーソン・センタードと言っても、誰がセンターになるのだろう。もちろん事例のその人は1つのセンターなのだけれど、その場のグループでは、事例提供者をセンターとして、事例提供者を共感的に理解するとか、受容することが大事だと思います。インシデント・プロセスをどうPCA的にやるのかが大事ではないでしょうか。

日笠：ファシリテーターの違いもあります。他の場でインシデント・プロセスをおこなった時は、インシデント・プロセスの4段階を進ませるためにちょっと急がせることがありました。村山先生は絶対に急かしませんよね。先のプロセスまではいかなくていいと明言してくれます。ここで起こっていることのゆっくり感を絶対に守ってくれます。

高瀬：事例を抱えている専門家として事例を検討しなくてはいけないというよりは、なんというか、あの場では「セラピストでいなくてはならない」という縛りから解放されて、クライエントのようになれる気がします。ひとりの困っている人というか。

久羽：ひとりの困ってる人。

高瀬：ひとりの困ってる人になれるという感じがします。そういう感じが役に立つのかなと思います。

日笠：困っている人になれる。困っている人をみている専門家でなくて、

その関係のなかで困っている私としてそこに居られる。
堀尾："金魚"も、似たような感じで、知識よりも、本当に人としてそこにいて、普段素朴に疑問に思ったことを質問したり、感じたことを言ったりしている。もしかすると、そこがPCA流にやっているからこそできることかもしれないし、そういうふうにいられるように、みんなでつくっているのがPCA流であるのかもしれない。だからこそ、進展が起こるのではないでしょうか。

　質問する方々が質問をする前に、自分のなかのもやもやや、言いたいことを「こんな感じがするんですけど」と表現していたという指摘もありました（日笠）。それが事例提供者にはどう感じられているかと問われましたが、提供者としては、自分のなかで動いていることがあるのと同時に、質問してくださる方のなかでも何かが動いているということが感じられて、安心したことをお話ししました。堀尾さんは、"金魚"が「（自分は）こんな感じがするんですけど」と言ってから質問すると、その人がどういう文脈でどんな感じをもっているかがわかるので、提供者が防衛的にならなくてもすんだのではないかと解釈してくれました。
　また、村山先生が最初に「正しい結論があって、それに向かっていかなければいけないわけではない」と説明してくださったことによって場が緩んだことも挙げられました（高瀬）。初対面の人たちだったら緊張してなかなか「あー」という相槌は打てないでいたかもしれないところを、村山先生が深く相槌を打ってくださることで安心したという声もありました（久羽）。
　そこから、座談会の話題は、ファシリテーターの村山先生が、ずっと、うんうん、と相槌を打ってくださったこと、「批判があったら守る」と言ってくださっていたことに向かっていきました。
　あの場で、筆者は、"金魚鉢"にいた方からとても芯を突く指摘をいただき、『ああ』と腑におちて、ぽん！っと膝を打ったぐらい、目の前が開けるように感じました。その指摘を受けとめることができたのは、

村山先生をはじめ、"金魚"の方々、場そのものにも支えられていたからこそだったと感じています。

## 3．情報の提示の仕方と、そこで起こっていたこと

そのとき、佐藤さんより、提供者のフォーカシング的なプロセスが進んでいったときに、それより客観的な事実を知りたいと感じていたことが話されました。プロセスを共有している人もいるし、共有していない人もいる。そのことによって、いろんな側面に光が当てられたということが話されました。

日笠：あの進め方がいい。本当に、輪になって進めているんだけど。ケースへの向かい方も、輪というか螺旋で進行していきますよね。きちんとした輪ではないんだけど、ゆらゆらゆれながら、螺旋状に（腕をまわしながら、その周囲の）、ここから光を当てたらどうか、そこから光を当てたらどうかと、進んで、だんだんいろんな側面が見えてくる。こことここはどうかなあと、だんだんといろんな側面が見えてくる。

野々口：場を囲む感じ。

自主シンポジウムのあとに、村山先生との振り返りでも話題になりましたが、客観的な事実が出てくるタイミングが大事なのではないかと思います。PCAGIP法では質問に答える形で情報が出されるので、場にいる人が聞きたいと思うときに、聞きたい情報が出てきます。最初に数行しか情報を提示されないことによって、みんながペースを合わせながら理解が進んでいき、臨床経験が長い人でも最初から仮説を立てることなく聴くことができるという意見もありました（堀尾）。

日笠：それは、クライエントさんの話を聴いているときと同じですね。クライエントさんはレジュメを持ってくるわけではないので（笑）。一度に少しずつしか情報を話してくれません。今話したいことを話します。それに対してこちらは質問することもあるし、伝え返しすることもありますが、そのときそのときで仮説を立てながら理解を進めていきます。PCAGIP法ではそれと同じことが起こっている。

一同：うーん。

日笠：そういう意味で言うと、普通に面接でクライエントに会っているときの再現になっています。そのときにどんな質問をすれば全体を見ていけるのかというモデルにもなっています。自分だけだったら一定の方向からしか聞いていかないけれど、他の人の質問によって、新しい理解の仕方や質問の切り口も教えてもらえる。あのPCAGIP法自体が、面接と同じ構造になっているのではないでしょうか。

野々口：一対一だけではなく、色んな人が話すことで、「ああこういう訊き方もあるんだ」と、訊き方もさまざまであることに気づきます。

小坂：終わった後の感じが、エンカウンター・グループに出た感じに近いなあという気がします。終わってから家に帰るまでに、何か残って、何か変化していく感じがありました。やっぱり、ありようを変えていくというか。ケース検討でもあり、スーパーバイズでもあるけれど、自分の成長というところが、グループ体験に近いです。セラピストとしてなのか、人としてなのかわかりませんが、少なくとも、そのケースにあたるときの自分のありようは変わっていくと思いました。

　最終的に出た結論が、「何かをしようとするんじゃなく、少なくとも、自分はそのまんまの自分でいたらいいんじゃないか」というものだったのですが、それはすごく残っています。ケースについてもそうですし、自分にとっても。

一同：あー。

日笠：いろいろ使える。

小坂：いろいろ使えるものだったんです。

## 4．PCAGIP法の生かし方

　PCAGIPとは、何なのだろうという問いかけが酒井さんからありました。トレーニングなのか、カンファレンスなのか。見立てはどうするのだろうかという疑問も挙げられました。野々口さんからは、「きちんとした見立てがあるのではなく、なにかもやもやとした、曖昧なものに耐えられる場であった」と声があがりました。

日笠：crossing（交差）が起こる場ですよね。質問に照らされることで、その事例についてのフェルトセンスから答えが生まれる。それがぴったり役立つこともあれば、そうでないこともあるのだけれど。そのcrossingが起こる素材を差し出すのが質問者の"金魚"です。質問ではなく、見立てをする人がいても構わない。その見立てを、フェルトセンスにつきあわせてcrossingするための素材とすればいい。

堀尾：PCAというところが保たれていないとなかなか難しいかなと思います。PCAで大事だと言われることは実はすべてにおいて大事なものだから。

　訓練のやり方としてではないほうが使いやすいのではという意見もありました。

久羽：職場である程度キャリアを積んだ人がカンファレンスで使うのがいいと思います。PCAGIP法では、あの人の役に立てればそれでいいという雰囲気になるじゃないですか。その雰囲気がすごく大事な気がします。事例検討というと、偉い先生のコメントをきいて勉強した気分になって帰ると思うんですけれども、PCAGIP法では勉強したという感じでは帰らないと思うんです。訓練という意味では、両輪の片方だという感じがします。トレーニング的なことを豊かにちゃんと自分

のなかにおさめるという意味では、PCAGIP法は大事だと思います。

堀尾：何の訓練に使うか、これによってどういう訓練をするかによって違うと思います。私は、これはとても有効なやり方じゃないかと思っています。あり方とか居方の訓練として有効。どういう気持ちでクライエントやケースに接するか、そういう訓練です。態度の部分、臨床家としてほんとに基本的な態度の訓練に使えると思います。

酒井：トレーニングにもなるけれど、トレーニングをすることによって、クライエントをトレーニングのための道具にすることがない形でできるのがPCAGIP法の魅力だと思います。副産物的に、関わり方や接し方の訓練にもなっているのではないでしょうか。

久羽：トレーニングはいつのまにか副産物側にまわっている。

酒井：やっぱりクライエントが大切だというのがパーソン・センタードだと思います。それを体現しながらパーソン・センタード的なトレーニングにもなっているのではないでしょうか。

日笠：薫習（くんじゅう）っていう言葉が浮かんできます。薫りを習うっていう。クライエントさんに会うときの態度、堀尾さんがおっしゃっていたことですが、そのときのあり方は、内容として学ぶのではなくて、態度として、沁み込ませるしかないと思います。その態度としてのプロセスがここで起こっているし、いろんな人の視点、全部から学べるのではないでしょうか。全体が場をつくっているのだとも思います。

パーソン・センタードの基本としてある、クライエントを大切にする「場」のありようが、クライエントについて皆で考える流れとなること。そのなかに身を置き、それを体験することが、参加者全員にとって、副産物的にトレーニングにもなっていたことが話されました。

## 5．今後、考えていきたいこと

佐藤：今心理職も増えていて、ケース・カンファレンスをやりましょうという機会も増えています。経験のある先生はフォーマットがどうあっても、自分がどうしたいのかとか、主体性を失わずに主体的にケースに関わっていけると思います。そういう先生もいると思いますが、経験のない方は、主体を投げ出してしまい、「自分が関わる」という態度がなくなる気がすると思っていました。でも、自主シンポジウムでは、主体性が維持されていました。フォーカシングがあったからかもしれないけれども、ずっと、想像が膨らんで居続けることができていました。それは普通のケース・カンファレンスでは出てこないことだなあと思います。こんな風に使えたらケースに向き合い続ける体験にもなると思います。

橋本：態度ができている人が集まっているから、そうなっているのか、訓練のためにその場ができるのか、そこのところがまだわかりにくい気がします。質問が楽にできることによってその態度が身につくものであるのか、それとも、そこに集まっている人たちの土台にPCA的な態度がすでにあり、素養がある人たちが集まっているからうまくいくのか、どちらなのでしょう。育むところなのでしょうか。今、終わらなくてもいいのだけれども、回を重ねるなかで考えていってもいいのかなって思います。

　初心の臨床心理士にとって、事例検討の場で主体的にケースに向き合い続けることはなかなか難しいことと筆者は感じています。自主シンポジウムの場で、なぜそれが可能になったのでしょうか。フォーカシングをする人たちが集まったからこそできたことなのでしょうか。それともPCA的な「場」が、事例提供者のフォーカシング的態度を育んだのでしょうか。どのようにしたら、PCAGIP法をより多くの人に役立てていけ

るかを検討するのが、今後の課題となりました。

酒井：ルールをきっちり守れば、そのあと枠を守りながら参加できます。すごく簡単なことだけど、声を出してみるという実践が先に起こるから、いいのではないかと思います。
久羽：PCAである上にルールがある。
酒井：フォーカシングも、枠をつくってるから安全を守れるという最初の約束があります。フォーカシング指向でやると、やりやすい、説明しやすいと思います。

　話題は尽きないなか、座談会はここで時間となりました。
　今回の自主シンポジウムは、そこにフォーカシングがあることによって、PCAGIP法の特徴がさらに生かされていった実例だったのではないかと、筆者は考えています。
　自主シンポジウムにおいて事例を検討する機会をくださった村山先生、また日笠先生をはじめ、自主シンポジウムの企画運営に携わられた東京フォーカシング指向心理療法研究会の皆様、自主シンポジウムの場におられた方々に感謝しつつ記録を終えます。

注
*1　フォーカシングのリスニング　フォーカシングをペアでするときに、フォーカシングをしている人の言葉をもう一方の人がゆっくりと傾聴し、そのなかのいくつかを共感的に伝え返すこと。
*2　見立て　事例の病態や今後の見通しについての判断。
*3　crossing（交差）　フォーカシングの創始者のジェンドリンの概念であり、ある状況やその体験について、ある概念や質問を投げかけることによって、その投げかけられた側面が浮かび上がって見えてくること。
*4　フェルトセンス　これもフォーカシングに関する概念。状況や問題、ここでは事例について、まだことばにならないが暗黙にからだで感じている意味のありそうな感じ。

# 第4部
## 講演

# 村山正治　心理臨床について語る
——教育、研究、心理療法

村山正治

> 以下は村山正治が集中講義先で大学院生と座談会でおこなった講演の記録である。内容は学部〜大学院生時代の思い出やロジャーズとの出会い、そして大学院生の教育や研究、心理療法の方向性など多岐にわたっている。院生がよい聴き手であったので、私も大いに盛り上がり、自由に話すことができた。自分としても大変気に入っている講演である。話を聞いてくれた院生諸君にとても感謝している。

■■
■ 哲学志向　魂の彷徨

——先生が、心理学を勉強しようと思われたきっかけを知りたいと思うのですが。

　私は心理学者になって「しまった」んです（笑）。なろうと思っていなかったんです。私は高校の時に哲学が好きになってね、哲学がわかると人生の根本についてなんでもわかる、というような錯覚を起こしていました。それで哲学系の先生が多いという理由から京都大学の教育学部に入りました。
　困ったことに、哲学というのは講義を聴いたり本を読んでみると、わ

かったような気がするんですね。ところが、家に帰ると何かよくわからない（笑）。自分で考えてもわからないの。要するに結論として、哲学は私がやってもわかんないな、ということがわかってしまいました。入学してからわかったのですが、これには困りましたよ。大学4年間、ずっと「私は何をやっていけば、生きていけるか」という問いと格闘していました。当時の自分にラベルを貼るとすれば、「実存ノイローゼ」ですね。不登校の気が昔からありましたから、学校の授業にあまり出席しなかった。哲学の成績はそれでもよかったんですけど、語学が難しい。哲学を勉強するにはギリシャ語とかラテン語が必要なのです。教養部ではドイツ語を学習しましたが、これはとても私には向かなかった。でも卒業論文では、ビンスワンガーという有名な実存哲学と現象学的精神病理学の心理学について書いてやろうと当時は思っていました。今から思うと、まったく無謀な試みでした。こんなテーマを卒業論文で取りあげてやるなんてね。

## 人との出会い、本との出会いの大切さ

　救いだったのは、私の問いの手がかりを探す過程で、やっぱり人との出会い、本との出会いがあったことです。探しているとね、いろいろなことに出会います。すぐには見つからないけれど、「問題意識」がないとモノって見えないですよ。それで授業に出るより大学の図書館にいる時間をかなり多くとりました。

　ある時、武谷三男さんという京大出身の物理学者で、湯川秀樹さんの弟子にあたる人の本を読むと「これからの哲学は、何か1つの個別科学をやらないと駄目だ。1つの科学をやったら、その最前線に行くと、必ず哲学的な問題が出てくる」と書いてありました。それを読んで、「あっこれなら哲学ができなくても食べていける、安心して生きていける」と思ったわけです。そうしてきょろきょろまわりを見ると、「カウンセリング心理学」というものがあることに気づきました。

当時の心理学の先生はカウンセリングなんて大嫌いでした。やっぱり実験心理学が中心ですからね。今みたいに、心理臨床が心理学の中心になるなんて思いもよらなかった時代でした。私はその当時の本流の心理学にはどうもなじめなかった。それでも、文学部の矢田部達郎先生の「心理学序説」の授業は熱心に聴講しましたが。たまたま私がいた教育学部には、ロジャーズを日本に初めて紹介した正木正先生がおられました。正木先生は、今日の人間性心理学の先駆者で、人間学的心理学の方向を目指して研究しておられましたが、当時はヒルティの翻訳を出すなどというのは、めずらしいことだったんです。それで、卒業論文はその先生にお世話になろうかなぁと思いました。今でもそうかもしれないけど、当時の心理学の先生はカウンセリングは科学じゃないと思っておられましたから、哲学系の先生のほうが、心理学の先生よりカウンセリングに理解があったのです。そして、私は心理学は好きじゃないけど、卒業するために心理学の単位をなんとか取得しました。実存哲学みたいな心理療法をするかどうかについて引っかかっていたので。

　そして2年くらいかけて、いろいろな人にいろいろなことを聞きに行きました。当時大阪大学におられた前田嘉明先生を訪ねたり、京都大学医学部精神科におられた、有名な村上仁教授にも会いました。京大には学生懇話室（現在はカウンセリングセンターとして改組）という、カウンセラーではなく専門の教員が対応をしてくれるシステムがありました。そこに行って、私が「実存哲学に関心がある」と言ったら、「村上教授のところに行きなさい」と紹介してくれました。それで精神科を訪ねたの。そしたら、村上先生は私の顔を全然見ないで、催眠カウチに横になっておられて、「なに〜、村山君ね。この本読みなよ」って言われて、5分で面接終わりでした。こうしていろいろ勉強してあたってみるうちに、実存分析はやっぱり私にはむずかしく、実践とは結びつかない理論らしい……とわかりました。

　こうやって、まずは探さないとだめですね、自分の問題意識を。それとやっぱり、人を訪ねて行かないとだめです。本も大事だけど「いい情

報は、人がもっている」のです。アメリカの学生はよく人を訪ねて行きますが、そういうふうに、できるだけ人を訪ねて話を聞くこと。だいたい、最先端の情報は新しい研究をやっている人がもっています。私もいろいろな人のところに行きました。

そんな過程を経るうちに、「哲学ができない」ということ以上に、「私が哲学に求めていたのは実践だった」ということがだんだんとわかってきました。つまり、自分が人生の意味や生き方のモデル、カウンセリングなどのもっと実践的なことを求めていたことに気がついたのです。

## ロジャーズとの出会いとロジャーズへの関心

1961年にロジャーズが京大の教育学部にやって来ました。当時、私なんかまだ大学院生の下っ端で、ロジャーズを大阪に案内する、ということになり、その責任者になりました。それで、ロジャーズと約束を取り付けるために、私がホテルに電話することになったのです。てっきり通訳の人が出るんだとばかり思っていたら、ロジャーズ本人が出てしまった（笑）。困ったなぁって思いました。今でも何をしゃべったか覚えていません。とにかく、何時に待ち合わせをするからという話をして、約束をしたことはしました。でも後で考えてみたら、ロジャーズはね、すごくノンバーバルな感覚とかセンスが抜群にすぐれた達人ですね。だから、私のたよりない英語も、彼だったから聞いてくれたわけです。「あなたの英語で通じる人は、すごいセラピストだ」と言われますから（笑）。

その後、畠瀬稔先生などの先輩や他の院生仲間のやっているロジャーズ研究会に入れてもらい、だんだんとロジャーズの考えに魅かれるようになってきました。そして、ロジャーズの考えは、哲学と実践が統合されている思想ではないか、科学と臨床を絶えず統合しようと努力しているのがロジャーズだ、と思うようになりました。

当時の心理学は、あまりにも実証主義的な自然科学のモデルが強すぎ

て実践と深く関わらないし、実践をやって、そこから仮説をつくって、それを実証するというモデルをもっていないという感じがしていました。だから、事例研究とか実践はとてもベースになる大事なものだと私は思っているので、当時の心理学にはどうも興味をもてなかった。今だったら、カウンセリングのセンターがありますし、仲間もいますが。仲間のサポートというのはやっぱりすごく大きいですよ。迷っている時というのは、1人で抱え込まないことが大事です。色んな人にもあたってみて、自分を明確にしていくことです。

## 卒業論文の口頭試問で救われる

　私は卒論に哲学理論みたいなテーマを取りあげました。テーマは「ロジャーズの科学論と人間論」というものでした。京都大学の教育学部では、卒論のテーマで助言教員を決めていましたが、私は幸運にも、4人もの先生にお世話になりました。心理学の先生2人と哲学の先生2人です。

　それで、1人で口頭試問を4人の先生から受けることになりました。今でもその光景をすぐ思い出せます。とても緊張していました。教育哲学の先生と教育人間学の先生と、正木正先生、高瀬常男先生の4人でした。教育哲学の先生が私の論文を詳細に全部読んだと言われたので、これはもうだめだ、大変なことになったなと観念しました。ところがその先生は、質問はされたけれど、非常に優しかったのです。彼はこう言ってくれました。「村山君は、いい人を見つけたんだ。ビンスワンガーとかね。だから、もうちょっとじっくり丁寧に取り組んだらどうか」と諭されたのです。

　先生は論文の不十分さ、だめさ加減を十分わかっていたであろうに、それを指摘しなかった。先生のポジティブな評価というのはものすごく大事です。一歩間違えれば、私は一生だめになっていたかもしれません。精一杯やってもこれくらいしかできない……。そんなふうに迷っている

私に、自分がこれをやれるかどうか、もう一度考える機会を与えてくれたように思います。そして、私は結局ビンスワンガーはやめました。それですっきりしました。大学院の修士課程の２年間で、私には哲学は向かない、駄目だ、ということがはっきりしたので、それからカウンセリングの世界に入ったのです。ですから、あの時の先生の一言というのは、本当にすごいですね。自分が教員になって、そんなことできるかな……と思いました。お前のここが悪いと指摘するのは楽ですからね。そういう意味で、あの先生は私を救ってくれた人です。とても感謝しています。

## 大学院時代は臨床経験をたっぷりと

　要するに、初めは心理学者になろうとは思っていなかった。カウンセラーになろうとも思っていなかった。冒頭で申し上げたように結果的には、カウンセラーになって「しまった」というのが正直なところです。人間は自分の人生の方向が固まらないときは、なかなかエネルギーが集中して出ません。でも、大学院に入って、カウンセリングの実践とか方向性がはっきり決まると、結構エネルギーが出てくる。ケースでも、私自身にもともと不登校の気があるからか、不登校の生徒のクライエントを相手にするのは得意で、どんどん不登校がよくなったりしていました。カウンセラーとしてやっていけそうだ、というプレゼントをクライエントからいただきました。たぶん、私の一生の中で、大学院にいた５年間は最も充実した、とても大事な時期だったと思うのです。

　だから私は大学院生に、「今は授業料を払って自分の時間を買っているんだぞ。就職して企業へ勤めたらお金はもらえるけど、自分の時間はない。今は時間を買っているんだから、自分の時間を丁寧に使って、自分のやりたいことをきちんとやりなさい」と言います。大学院生活はただ単位を取得するだけではないのです。

第4部 講　演

## ■ 人生は自分の納得が大切

　前述した卒業論文で優しいコメントをくれた先生が東京のある大学の学長になられるということで、送別会がありました。その時に、先生は、私にとって忘れられない話をされました。

　私はその先生を尊敬していたし、哲学者だけど何をやらせてもできるすごい先生だなと思っていました。ところが、その先生が送別会の時にちょっとご自分の話をされて、その時に「自分は人生を人に担がれて、生きてきちゃったなぁ」とやや後悔気味のことをおっしゃった。あれにはびっくりしました。あんなにも偉い先生が、人生も60歳も過ぎてそんなことを話されるのは、驚きでした。きっと大変勇気のいる発言だったと思います。私がそれで学んだことは、人間というのは、色んな生き方があっていいし、学問だけじゃない。学問があんなにできている人間でも、学問の業績と人生の納得は別なんだと思ったことです。そんなことを最後に言ってくれるというのはものすごいことですよね。それで今でも感謝しています。

　でも私には学問はそれほどできなくても、自分で納得のいく人生を送るほうが大切っていうのかな、自分に忠実に生きたり、自分の納得できる仕事をするとか、そういう生き方のほうが私には魅力だ、ということを教えてもらった気がします。だから、私はそれを聞いてからは、どちらかといえばそういうふうに生きてきたつもりです。ただ、少し世間に名が知れると忙しくなるし、担がれて自分を失うというのは結構多い気がします。だから原点に戻る時間が必要です。みなさんの研究とか人生についても、私は「ナンバーワンよりオンリーワン」というのが好きなんです。やっぱり、みんな一人ひとり人間は違うし、一人ひとりのよさというのはもっていると思うから、それを是非見つけてほしいと思います。

## 鉱脈探しのすすめ――「はじめに課題意識ありき」

　私は、大学院生に心理学の研究について助言指導をする時には2通りの道があると思っています。「方法論中心主義」と「問題意識中心主義」と呼んでいます。私は徹底して問題意識中心主義で「はじめに問題ありき」です。「はじめに方法ありき」というのは創造的ではないと今でも思っています。つまり、心理学の方法で解けないものは、心理学の対象ではないというふうに課題や問題意識がその方法に限定されてしまうのです。

　つまり、統計的研究であれ、事例研究であれ、理論的研究であれ、問題はそれが優れた研究かどうか、創造性があるかどうかがポイントなのであって、どんな方法を使ってもいいんですよ。形じゃなくてそれをどんな発想で捉えるか、が大事なのかなというふうには思っています。

　村山ゼミでは、このように問題意識を重視するので、研究や論文がなかなか進まないこともあります。修士論文や博士論文の締め切りギリギリになって論文が提出されるので、見ていて周囲がやきもきします。通称、「村山サーカス軍団」と呼ばれています（笑）。「今にも落ちそうに見えるのに、落ちない」という意味です。もちろんセーフティネットを準備はしています。問題意識中心主義は、土壇場で強い。借り物の課題設定ではないので、エネルギーが出てきます。ただあんまりオススメはしませんよ。「俺落ちちゃった」って言われたら大変ですから。

　このように、人間で一番大事なのは問題意識だと思うのですが、自分は何をやりたいのか、自分にとってどういうことが大事なのか、そういう感覚を院生たちが失ってきているような気がします。臨床心理士の試験制度ができたことが影響しているのでしょう。私は、この制度を促進してきた一人なので、この制度のプラス面だけでなくマイナス面も目について、えらいもんをつくってしまったなという気持ちもどこかにあるんですよ。「何のための臨床心理士か」が十分問われないまま、また、臨床心理士の養成には、3年から5年は必要なのに、きちんと育たない

うちに、受験勉強に追われるという制度にしてしまっているからです。

## どれが正しいかではなく、自分にフィットするものを選ぶ

　大学院というところは、教授の先生方が自説をそれぞれ展開される空間です。時には、いや、時にはでなく頻繁に、院生からすると先生間で話の内容が矛盾していることも起こるでしょう。だから、どれが正しいかという発想をあんまりもたないほうがいいんじゃないかと思います。大事なのは「自分にフィットするかどうか」です。結局どれが正しいかというのは、好きか嫌いかということになりやすいので、自分にフィットしたらそこだけいただいて取り入れる、ということが大事で、その方がいろいろと吸収できると思います。もっと自分を豊かにするためにやってほしいのは、自分にピンとくるかどうか、という感覚を鍛えることです。教科書みたいな勉強の仕方だけでなく、本は序文とあとがきだけ読んで、読むか読まないか決めるとかね。食べ物なら、美味しいものなのか不味いものなのかすぐわかります。でもその為にはとりあえず食べてみないと。それも１つの勉強の仕方です。

## 自分の理論をつくる時間

　それから、これはアメリカのミネソタ大学で学位をとってきた私の同僚の平井達也先生（現在、立命館アジア太平洋大学准教授）から聴いた話ですが、ミネソタ大学の博士課程では、「自分の理論をつくる時間」というのがあるそうです。日本ではそんなものは聞いたことがありません。せいぜい新着の外国の論文をせっせと読む時間があるくらいです。さすがアメリカ、自分がトップなんだという自負が現れています。他の国から学ぶよりは、自分の味をつくれというメッセージなのです。日本でもそういう時間を設けてもいいのではないかと思います。料理屋さんでも客をひきつける自分の味をつくればいいわけです。これは、他の所では

絶対食えない味、とかさ（笑）。外国志向だけでなく、独自味をつくるスピリットがもうちょっとあってもいいのではないかと思いますね。

### その方法は役立つか──「does it work？」

　もうひとつ、「does it work?」という言葉をご存知ですか。ロジャーズが亡くなってから、ジェンドリンが*American Psychologist*誌にロジャーズに向けて追悼の文章を書いていますが、そこには「ロジャーズは『自分はclient-centered therapyをつくろうとしてきたわけではない。クライエントを援助する方法を探してきた』というメッセージを出した」と書いてあります。大事なのは、「does it work?」つまり「それは役に立つか？」という問いです。

　臨床の世界では理論やイデオロギーも大事ですが、やってみて役に立つかどうかがすごく大事なんです。だから、常にそういうことを頭において実際にやってみる。マニュアルがだめなら、マニュアルが間違っている可能性だってあるわけです。

　でもやってみて「これは自分には合わないな」と思った時に、一般にはどう考えるかというと、「これができないのは、俺の能力がないからだ」と考えやすいんです。マニュアルが悪いとは全然思わない。こっちがマニュアルを理解できないから、と思いがちです。でも「これはどこか間違っているかもしれない、やっぱり疑問だなあ」と十分吟味すること。「does it work?」っていうのはそういうことだと思うようになりました。自分に合わないんだから、別にやらなくたっていいんです。自分が一生懸命やってみて合わないという時に自分を責めても、そこからは新しいことは生まれないんじゃないかな。

　たとえば、エリック・バーンは精神分析を破門されて新しい交流分析をつくったと言われています。合わないということはあって当然だ、という考えを、もうちょっとみんながもってもいいんじゃないでしょうか。それは怠けるということではないですよ。自分で一生懸命やってみても、

なじまないことっていくらでもあるしね。私のドイツ語みたいに。別にドイツ語ができなかったってね、今思うとどうということでもないわけで。自分に合わないということがあって当然なんじゃないでしょうか。そこから何か新しいものが、自分に合う、フィットしたものが出てくる可能性があるんです。

## 河合隼雄先生の使命

　大学時代、ロールシャッハ・テストなどの実習の非常勤講師として河合隼雄先生が京都大学に来ておられましたが、さっき言ったように私は心理学が嫌いだったから、当時はほとんどコンタクトがありませんでした。昔は、河合先生は頭のいい人だけど、何かベラベラよくしゃべる人だなぁって思っていました（笑）。それが、やっぱりユング研究所から帰国した後の河合先生は、すごかったなぁ……。「この人は日本のカウンセリングを背負っていく使命をもって帰国したんだなぁ」という感じでした。もちろん、頭のいい人だということは昔から感じていましたが、それとも違っている。人間には、ああいうことが起こるんですね。あれは、すごく印象に残っています。私の言葉で言ってしまうと、ユングに「ハマった」というのは、河合先生にとってはすごい意味のあることだったんだと思います。だから、こんな偉い人に限らず、われわれにとっても自分にフィットするものをつくっていくそれぞれの生き方が、ものすごく大事になってくると思うんです。天才には天才のレベルがあるわけですが、われわれも自分のレベルでフィットするものを探し、それを発展させる。私は「オンリーワン」主義だから（笑）。そんなふうに考えています。

——今日、実際にグループになってワークを体験させていただいて、個人では感じられないものがグループにはあると強く感じました。村山先生が思うグループと個人との一番大きな差は何ですか？

■
■ コラボレーション

「コラボレーション*」という概念をもってくると、心理療法の原点がはっきり見えてきます。グループと個人にはかなり共通点があります。セラピストとクライエントの関係とか相互作用を考えたときに、最近、コラボレーションの理論やアンダーソンの理論をみると、個人心理療法でも、クライエントとセラピストが共同経験者であるという感じの流れがありますね。私は「共創モデル」と呼んでいます。

最近、アメリカの文献を読んでみると、「ロジャーズはクライエント・センタードだが、まだセラピスト・センタード」ではないかというボハート（Bohart, A. C.）の主張がありました。彼によれば、ロジャーズはセラピストの3条件など、セラピストのことばかり言っているが、セラピストが共感をした場合に、それを共感たらしめるのはクライエントの能力じゃないのか、クライエントサイドの力をもっと評価したらどうか、ということを主張しています。確かにそれはあると思います。

そんなことを言っていたら、専門家って何なのかと思われるかもしれません。河合隼雄先生の『心理療法序説』に、心理療法のモデル論として〈医学モデル〉〈教育モデル〉〈成熟モデル〉が提示されており、〈成熟モデル〉が関係療法の中で基本的な考えだと書いてあります。これには私は賛成です。〈医学モデル〉とか〈教育モデル〉は専門家が中心で、専門家が治してやるというものですが、〈成熟モデル〉というのはクライエントが面接の場面で主導権をもち、専門家の役目はある治療関係を提供する上でのクライエントが活用していけるような治療関係をつくることであるというものです。この〈成熟モデル〉を初めて提供したのは、ロジャーズです。もっと単純に考えると、基本的には答えはクライエントがもっている。だから、それをクライエントにどう気づいてもらうか、それを一緒に探す。こういうプロセスを展開させるのが実はセラピストという専門家の役割なのではないかというイメージなんです。

## 共創モデル

パーソン・センタード・アプローチのエンカウンターモデルの体験では、この共創関係が顕著に見られます。メンバーが「隠れファシリテーター」である、という場合はいくらでもあるわけです。ファシリテーターは私だけど、実際にファシリテーションをしているのは他のメンバーだったりするということはよく起こります。だから、ある有名な先生が「村山さん、個人療法でも大変なのに、グループだったらもっと大変だろう」とおっしゃったことがあるのですが、違うんです。私にしたら、グループは「みんなでつくる体験である」というところに、個人療法との大きな違いがあると思っているんです。クライエント、メンバーの力が大きく影響する。

だからといって、じゃあ専門家はいらないかというと、絶対そうではないと思います。

## コモンファクターの時代

「コモンファクター」という考え方をご存じですか？ 2001年にノクロス（Norcross, J. C.）というアメリカ心理学会の会長が中心になって、1960年代のアメリカの心理療法研究を3000本くらい集めてメタ分析をおこなったという有名な研究があるのですが、おもしろい結果が出ています。

心理療法の流派を超えた共通の治療効果の要因は何かというテーマを立てて分析してみると、有意差は出ない。つまり流派やモデルの違いはあまりないことがわかってきたのです。そして、流派に関係なくセラピストの共感力、治療同盟、肯定的関心などが、治療効果と相関が高いことがわかってきました。専門家の実力としてはやはり関係論が大事になってくるのです。これらの結果から見ると、将来、心理療法家の訓練の様式もかなり変わるんじゃないかなと思います。

私は若いころから、流派に関係なく、優れたセラピストは存在するという仮説をもっていました。今、認知行動療法で活躍している人がまだ私の研究室の学生だった頃に「村山先生、ぼく行動療法を学びたい。山上敏子先生のところで勉強したい」と言うので、OKしました。当時、行動療法とクライエント中心療法は理論上、犬猿の仲でね。クライエント中心療法は関係論でしょ。行動療法は"関係"が関係ない理論ですからね（笑）。あるとき彼が「山上敏子先生を呼びましょう」と言い出して、お話を聞かせていただくことになりました。おもしろかったですねぇ。「この先生、ロジャリアンよりよっぽど関係をつくるのがうまいじゃないか」と思った印象を鮮やかに覚えています。

　そして、ある学会のシンポジウムに山上先生と同席した際に個人的にお話しすることができ、私が失礼な質問をしてみたんです。「山上先生は行動療法の理論で説明されますけれど、先生の事例を伺っていますと、行動療法のプランをつくるまでに、クライエントとの関係づくりの抜群のうまさ、クライエントとの関係というのがめちゃくちゃに活きているような気がするんですけど」と。先生はきちんと応えてくれ、先生も関係の重要性を肯定されたように受けとめました。

　先生のご説明を聞いてなるほどなと思ったのは、「行動療法の体系には関係論がない。だから関係論を入れてしまうと、行動療法じゃなくなってしまう」と。大変に率直なお応えで、今も感動しています。私が学んだのは、説明体系ですから、必ずしもそれが現実と合わないこともあります。これが説明体系の窮屈さでした。認知行動療法でもその"におい"はあります。「マニュアルでできる」「誰がやってもできる」。確かにそうあってほしいなあ、本当にそうできればなあと私も思います。でも山上先生のもっている、すごい関係をつくる能力というのは理論には反映されていない。だから、マニュアル通りやったって、たぶんうまくいかないんじゃないかとも思います。山上先生は"関係"について理論体系には入れておられないけれど、山上先生の実践には"関係"というものがフルに活きていたのです。だから、それが理論に反映されない限

り、他の人がやってもそう簡単にはいかないのではないでしょうか。認知行動療法を受けた人のクライエントにもっとあたってみて、何がよかったかなどについてもっと聞かないとだめなのではないでしょうか。聞いてみたら、意外と"関係"というものが出てくるなぁと思うかもしれません。

　ここからは私のまったくの推測ですが、21世紀の心理療法は、あんまり流派にこだわらないコモンファクターが出てきている。だから、行動療法にも、マニュアルが有効な部分と関係が有効な部分があるのではないかと思います。だから、色んな流派があっても、流派に関係なく効果を上げている専門家と効果を上げていない専門家が存在することになる。そういうことが出てきそうで怖いなぁって思います（笑）。ある意味で厳しい時代です。効果がはっきり測定できる部分が増えてくるから、効果的な心理療法家を育てるにはどうしたらいいかなと考えます。これは大きなテーマですね。

　手前味噌ですが、やっぱり1つにはグループ経験が非常に大事な体験になるのではないかと思っています。つまり、色んな人の刺激を受けたり、自分の視野が広くなったり、多様な人を理解する機会になるかもしれないという気がします。最近、複雑系という理論がたくさん出ていますが、心理療法のモデルを考える上で、これはすごく参考になるような気がします。教育分析だけでなく、グループ体験が教育分析的意味を十分果たせることも考えていいと思うんです。

## ■「オンリーワン」を自覚しよう

　自分にフィットする理論は簡単には見つからないものです。ですから、既成の心理療法理論がなじまない人だっているでしょう。それを、必ずしも自分が悪いのだと責めたりせずに、恥ずかしいことではないのだというふうに思ったほうがずっと生産的ではないかと思います。私は、さっき言いましたように、大学院や学部の成績は超低空飛行型の人間だっ

たんですが、それにあまりこだわらず、自分にフィットした仕事、専門性を探した。もしそういうものがなければ、それをつくる工夫も大切です。私は職業としてカウンセリングの実践とか、大学ではカウンセリング講座とか、好きなことがやれていれば後は何とかなる、と思ってきました。私はよくも悪くも、そういう選択の仕方をしてきました。

## 自分のいいところを活かせ

　もうちょっと丁寧に言うと、私はあんまり自分の欠点の解消にこだわらなくなってきている。あんまり気にしないし、それをなくそうとする努力をしなくなった。それより、欠点を受け入れるようになってきているのです（笑）。そういう部分はそう変わらないような気がするんです。あんまり気になっていないから、どんどん他のことができる。できないことは、笑って人に聞けばいいんですよ。統計ができなければ、統計の人とチームを組んでやればいいわけです。だから、自分のできないことというのは、そんなに気にしなくても、人生はやっていける。だから、私は人とチームを組むことが多いのです。自分のできないことができる人と組む。それはたぶん、私にとってのグループの大きなところじゃないかと思います。人はみな、もともと別々の人間だし、発想も性格も違うのだという感じもあります。くり返し言うように、自分のいいところをどう活かしていくかが大切で、自分のいいところをみんなで活かしあって生きているのと違いますか。

　大学院の教官をやっていると、知識などある側面では私よりも何倍も優れた院生をたくさん見てきました。たとえば、統計一つをとってみても、新しい理論をとってみても、そういう人と対抗・競争していたら私はとっくに死んでいます。死んでも何も生まれませんね（笑）。私に才能がもしあるとすれば、心理療法はこれからどう発展していくのかとか、どんなところが大事かとか、やや大局的な見方がちょっとできることです。もう一つは、仲間をつくっておもしろいことをやって楽しんだり、

仕事したりすること。せいぜいその2つくらいです。

　それから教師としては、教えるものがないから、自分が教えるよりも学生のいいところを自分で見つけてもらう機会をつくるとか、それをサポートしたりする。学会をつくるとか。煎じ詰めれば、そういうことで世の中結構渡れるという気がします。だから、「村山のところに行ったら好きなことをやらせてもらえるよ」というのを聞いた、志のある学生に集まってもらって、学生に救われてやってきています。私の業績の中で共著が多いのはまぁそういう事情です。そういうふうにして、私は生きてきたと思うのです。

　くり返し言うように、それぞれみなさんが、自分は何が好みなのか、自分には何ができるのか、といったことを丁寧に、一緒に勉強しながら自分の嗅覚を磨いていったらいいと思います。既成の理論に合わなければ、合わないものがあったっていい。色んな生き方ができるんだから。だから、自分の大事な部分をどう伸ばしていくのかということをもっと考えていいんじゃないかと思います。私が「将来の夢を語り、その実現に向けた仲間のフィードバックと連帯づくり」セッションが好きなのは、そういうことをみんなに考えてもらいたいからなのです。とにかく一人で考えても固定するからね。もちろん、できないよりできるほうが、能力がたくさんあったほうがいいような気がするんだけど、それに気がつかないだけで、人それぞれ、もっているんじゃないかと思います。

## 他人と比較しないよう心がける

　みなさん自分の歴史をそれぞれ創造されるわけで、みんな一人ひとり「オンリーワン」なんだから、あまり人と比較しないことが大事です。人と比較しても何もメリットはないんじゃないですか。比較というのは、ある意味ソーシャルなものです。「こいつはダメだ」とか誰が決めているかといったら、社会的な基準じゃないですか。とにかく自分の問題意識を大事にして、そして、自分のできる部分を大事にすることです。

友だちも、もちろん大事です。どんなことをするにも、私はどっちかといえば"共働"をしてきたので（笑）、お互いのもっているものを補うという発想で仕事をすることが多いです。自分の思っていないことが、共働でできます。だから、グループはある意味で私の考えに非常にフィットしているフィールドなのです。メンバーの力をたくさん借りて、なんとか生きられる世界と言えるのです。


注
＊「コラボレーション」とは、本来、他職種間の協力、連携を指す言葉である。藤川（2008）は、この言葉が注目されるようになってきた理由を3点挙げている。①専門家中心の援助観ではなく、利用者の自己決定を尊重する援助観の変化、②システム論の影響、③医療費削減から、限られた援助資源による効果的サービス提供手段として異業種間の協働が必要になってきたのである。PCAGIP法では、1点目の利用が大きく、大事な視点である。
　ところがさらに、PCAGIP法だけでなく、心理療法の原点はコラボレーションではないか、とする考え方が強くなってきている。岸本寛史（2008）はアンダーソン・Hのモデルを6点にまとめている。①クライエント・セラピスト双方が相手を専門家として尊重する、②自分を純粋な好奇心をもった学習者とみなす、③未知の姿勢、すなわちある人間が相手やその状況を、あるいは相手のとるべき最善の行動を最初から知りえないという思念をもつ、④協力的な言葉を使う、⑤双方を会話のパートナーとみなす、⑥ともに探究する、である。これがわれわれのPCAGIP法の人間観と共通点が多く、心強い。

（本章は、村山正治（2010）「サロン的対話──大学院生が村山先生に問いかける」『佛教大学臨床心理学研究紀要』、**16**、31〜41頁を転載し、加筆・修正したものである）

# 文 献

■第1章

神田橋條治（2011）『技を育む——精神医学の知と技』中山書店、105〜106頁。
カーシェンバウムら（2001）『ロジャーズ選集——カウンセラーなら一度は読んでおきたい厳選33論文　上・下』（伊東博、村山正治監訳）誠信書房。Kirschenbaum, H. & Henderson, V. L. (1989), *The Carl Rogers Reader*, New York: John Wiley.
Rogers, C. R. (1951), *Client-centered therapy; its current practice, implications, and theory*. Oxford, England: Houghton Mifflin.
Rogers, C. R. (1957), "The necessary and sufficient conditions of therapeutic personality change", *Journal of Consulting Psychology*. **21**(2), pp.95-103.
ロジャーズ・C・R（2007）『新版　エンカウンター・グループ——人間信頼の原点を求めて』（畠瀬稔、畠瀬直子訳）創元社。Rogers, C. R. (1970), *Carl Rogers on encounter groups*, Oxford: Harper & Row.
メァーンズ・D（2000）『パーソンセンタード・カウンセリングの実際——ロジャーズのアプローチの新たな展開』（諸富祥彦監訳・解説、岡村達也、林幸子、上嶋洋一、山科聖加留訳）コスモス・ライブラリー。Mearns, D. (1994), *Developing person-centred counseling*, London: Sage Publications.
佐治守夫、飯長喜一郎編（2011）『ロジャーズクライエント中心療法——カウンセリングの核心を学ぶ』有斐閣。

■第3章

ジェンドリン・E・T（1982）『フォーカシング』（村山正治、都留春夫、村瀬孝雄訳）福村出版。Gendlin, E. T. (1981), *Focusing*, New York: Bantam Books.
村田観弥（2008）「障碍のある子どもに関わる教員の資質向上のワークショップの開発」関西大学大学院心理学研究科修士論文（未公刊）

■第4章

神田橋條治（2003）「ロジャース・村山・ジェンドリン」村山正治（編著）『現代のエスプリ別冊　ロジャース学派の現在』至文堂、266〜269頁。
東山紘久（1986）『カウンセラーへの道——訓練の実際』創元社。
村山正治（2002）「あとがき」村山正治、藤中隆久（編著）『クライエント中心療法と体験過程療法——私と実践との対話』ナカニシヤ出版、235〜237頁。
Rogers, C. R. (1942), *Counseling and psychotherapy: Newer concepts in practice*, Boston: Houghton Mifflin Company.
Rogers, C. R. (1957), "The necessary and sufficient conditions of therapeutic personality change", *Journal of Consulting Psychology*. **21**(2), pp.95-103.
Rogers, C. R. (1959), "A Theory of Therapy, Personality, and Interpersonal Relationships, as Developed in the Client-Centered Framework" in Sigmund Koch (ed.), *Psychology, A Study of a Science. vol. 3: Formulations of the Person and the Social Context*, New York: McGraw-Hill.
Rogers, C. R. (1961), *On Becoming a Person: A Therapist's View of Psychotherapy*, Boston/London:

Houghton Mifflin/Constable.
Rogers, C. R. (1980), Carl Rogers Supervises Dr. Hackney, DVD, Center for Studies of the Person.
Rogers, C. R. (1985), The Evolution of Psychotherapy Conference (Arizona) での発言

■第5章

鎌田道彦、本山智敬、村山正治（2004）「学校現場におけるPCA Group基本的視点の提案――非構成法・構成法にとらわれないアプローチ」『心理臨床学研究』、**22**（4）、429～440頁。

村山正治（1985）「Humanistic Psychologyの動向」『九州大学教育学部紀要（教育心理学部門）』、**30**、291～297頁。

村山正治（2002）「学校でできる新しい事例検討の実療」関西福祉大学、高校教員のためのエンパワーメント講座記録。

村山正治（2005）『ロジャースをめぐって』金剛出版。

村山正治（2006）「エンカウンターグループにおける『非構成・構成』を統合した『PCAグループ』の展開」『人間性心理学研究』、**24**（1）、1～9頁。

村山正治（2007）「いじめの予防：エンカウンターグループによる学級づくり――PCAグループの視点から」『臨床心理学』、**7**（4）、493～498頁。

村山正治、石津寛子、金城聡、仙石裕樹、坂元美和、柴田妙、則安総一郎、福山剛、増田仁美、松嶠順子、三木北斗、村田裕美（2008）「エンカウンターグループとインシデントプロセスを組み合わせた新しい事例検討法（PCAGIP法）の実際（I）――PCAGIP法の実際例の報告」『東亜大学大学院総合学術研究科臨床心理相談研究センター紀要』、**8**、3～10頁。

村山正治、石津寛子、金城聡、仙石祐樹、坂元美和、柴田妙、則安総一郎、福山剛、増田仁美、松嶠順子、三木北斗、村田宏美（2008）「エンカウンターグループとインシデントプロセスを組み合わせた新しい事例検討法（PCAGIP法）の実際（II）――1事例の逐語記録」『東亜大学大学院総合学術研究科臨床心理相談研究センター紀要』、**8**、11～23頁。

村山正治（2008）「エンカウンターグループによってクラス内に信頼のネットワークができる試み――PCAグループの視点から」村山正治（編）『現代のエスプリ別冊 臨床心理士によるスクールカウンセリングの実際』至文堂、99～110頁。

野中真紀子、田中親義（1998）「事例研究会の意義と進め方」國分康孝（編集代表）『問題行動と育てるカウンセリング』図書文化。

太田列子、上薗俊和、三好謙一、小笠原洋、田中朋子、小林純子、白井祐浩、藤島敬久、伊藤ゆう、兵頭憲二（2008）「臨床心理学を専攻する大学院生へのPCAグループによるグループ体験の試み――体験を体験に蓄積していくプロセス」『東亜大学大学院総合学術研究科臨床心理相談研究センター紀要』、**8**、25～38頁。

埼玉県南教育センター（1992）「『南教育センター方式』を取り入れた事例研修会の工夫・改善に関する調査研究」『研究報告書』、**238**。

白井祐浩、村山正治（2005）「PCAグループによるクラス所属感の形成とその影響について」『心理臨床研究：九州産業大学大学院心理臨床センター紀要』、**1**、17～25頁。

鵜養美昭（2000）「事例研究法の実磨――生徒理解に基づく見立てと見通し」配付資料（未公刊）。

吉川麻衣子（2008）「沖縄県における『戦争体験者中心の語り合いの場』の共創に関する研究」九州産業大学大学院国際文化研究科博士学位論文（未公刊）。

■第7章

村山正治、石津寛子、金城聡、仙石裕樹、坂元美和、柴田妙、則安総一郎、福山剛、増田仁美、松嵜順子、三木北斗、村田裕美（2008）「エンカウンターグループとインシデントプロセスを組み合わせた新しい事例検討法（PCAGIP法）の実際（I）──PCAGIP法の実際例の報告」『東亜大学大学院総合学術研究科臨床心理相談研究センター紀要』、**8**、3〜10頁。

村山正治、石津寛子、金城聡、仙石祐樹、坂元美和、柴田妙、則安総一郎、福山剛、増田仁美、松嵜順子、三木北斗、村田宏美（2008）「エンカウンターグループとインシデントプロセスを組み合わせた新しい事例検討法（PCAGIP法）の実際（II）──1事例の逐語記録」『東亜大学大学院総合学術研究科臨床心理相談研究センター紀要』、**8**、11〜23頁。

村山正治、江口尚子、衛藤萌、小埜優衣、黒川明宏、立川隆一、久留玲子、前泊麻理菜、松田有加、三澤篤、山口瑞穂、奥原孝幸（2009）「PCAGIP法の実際（Ⅲ）──PCAGIP法の実際例の報告と考察」『東亜大学大学院総合学術研究科臨床心理相談研究センター紀要』、**9**、3〜13頁。

■第8章

副田秀二、廣尚典、三柴丈典（2010）「再発を繰り返す躁うつ病の労働者の復職支援」『産業衛生学雑誌』、**52**(4)、189〜194頁。

松田史帆、大平泰子、芦原睦（2007）「勤労者メンタルヘルスセンターにおける対面式カウンセリングの実施の現状」『日本職業・災害医学会会誌』、**55**、234〜239頁。

Nakata, Y. (2008), "A Japanese Perspective" in Haugh, S. & Stephan, P. (eds.), *The Therapeutic Relationship: perspectives and theme*, Ross-on-Wye: PCCS Books.

小此木啓吾（1979）『対象喪失──悲しむということ』中公新書。

渡辺忠、渡辺三枝子、安藤一重（2002）『現代のエスプリ別冊　産業カウンセリングの実践的な展開　新しい産業カウンセリングの展開シリーズⅡ』至文堂。

■コラム1

綾屋紗月、熊谷晋一郎（2008）『発達障害当事者研究──ゆっくりていねいにつながりたい』医学書院。

井内かおる、高松里（2010）「親との死別・離別体験者についての当事者研究──その体験がどう影響しているのか」『日本人間性心理学会第29回大会発表論文集』、106〜107頁。

向谷地生良、浦河べてるの家（2006）『安心して絶望できる人生』日本放送出版協会。

向谷地生良（2007）「当事者研究」*Schizophrenia Frontier*、**8**(1)、26〜30頁。

向谷地生良（2008）『統合失調症を持つ人への援助論──人とのつながりを取り戻すために』金剛出版。

中村ゆかり、高松里、村久保雅孝（2009）「スロー・エンカウンター・グループがもたらす『緩やかな所属感』の活用について──クローン病をもつ娘と私の当事者研究」『日本人間性心理学会第28回大会発表論文集』、136〜137頁。

中村ゆかり（2010）「『幸福の追求』のための当事者研究——クローン病である娘とVSDである私の物語」『日本人間性心理学会第29回大会発表論文集』、164～165頁。

押江隆（2010）「『当事者研究サポート・グループ』の事例研究」『日本人間性心理学会第29回大会発表論文集』、194～195頁。

押江隆、青木剛（2010）「関西大学におけるピア・サポートトレーニングの意義——ふり返り用紙の分析を通して」『日本ピア・サポート学会第9回研究大会発表論文集』。

押江隆、宮武ゆかり、瓜﨑貴雄（2010）「他職種との協働に向けたグループ・アプローチによる研修会の検討(2) ——精神科ソーシャルワーカーと臨床心理士によるPCAGIP法を用いた事例検討」『日本心理臨床学会第29回大会発表論文集』、376頁。

押江隆、瓜﨑貴雄、河本清美、可児美緒、木谷恵（2010）「『当事者研究サポート・グループ』開発の試み」『関西大学大学院心理学研究科心理学誌』、**3**、131～140頁（http://goo.gl/sWks3よりダウンロードできる）。

押江隆、池上麻未、杉村美佳、福山侑希、松田多依子（2011）「ある病的賭博者の当事者研究サポート・グループの試み」『関西大学心理臨床カウンセリングルーム紀要』、**2**、37～44頁。

押江隆、中田行重、池上麻未、杉村美佳、福山侑希（2011）「ある病的賭博者に個人カウンセリングと当事者研究サポート・グループを組み合わせた事例の検討」『関西大学心理臨床カウンセリングルーム紀要』、**2**、63～71頁。

押江隆、瓜﨑貴雄、足立芙美、河本清美、服部恵、可児美緒（2011）「当事者研究サポート・グループがメンバーにもたらす効果の質的研究」『日本心理臨床学会第30回大会発表論文集』、426頁。

高松里（2009）「サポート・グループとは何か？」高松里（編）『サポート・グループの実践と展開』金剛出版、15～30頁。

高松里（2010）「『色覚マイノリティ』についての当事者研究」『日本人間性心理学会第29回大会発表論文集』、104～105頁。

■ コラム2

アルベール・カミュ（2006）『シーシュポスの神話』（清水徹訳）新潮文庫。Camus, A. (1942), *Le Mythe de Sisyphe*.

宮本常一（1972）「調査地被害——される側のさまざまな迷惑」『宮本常一著作集31』未来社。

向谷地生良、浦河べてるの家（2006）『安心して絶望できる人生』日本放送出版協会。

■ 体験記1

森川友子、村山正治、峰松修、窪田由紀、伊藤弥生、平井達也（2010）「大学院におけるケースカンファレンスの方法に関する一考察」『九州産業大学大学院臨床心理センター臨床心理学論集』、**5**、3～10頁。

■ 村山正治　心理臨床を語る

藤川麗（2008）「コラボレーションの利点と課題」『臨床心理学』、**8**(2)、186～191頁。

岸本寛史（2008）「コラボレーションという物語」『臨床心理学』、**8**(2)、173～178頁。

# あとがき

　この本ができ上がるまでの経緯の中で、村山先生が実際におこなうPCAGIP法を撮影してDVDにしてはどうか、というプランがもち上がったことがありました。たしか、編集の渡辺さんのアイデアだったと思います。村山先生も私も、「それがいい！」と膝を打ちました。DVDを作成していれば、読者（視聴者）は村山先生がファシリテーターとなっておこなうPCAGIP法の展開を学ぶことができるでしょう。何といっても村山先生の温かみのある、シャープな視点を含んだファシリテーションの雰囲気を堪能することは大きな学びになるでしょう。渡辺さんは撮影クルーの手配など、予算を見積もってくださいました。しかし、最終的にはDVDではなく、本を出そう、となりました。DVD案が処々の事情から流れたという面もあるのですが、私たちとしては本の出版のほうを選んだという面が大きいように思います。DVDよりも早く出版できるということも本の出版を選んだ理由の1つでしたが、本であればPCAGIP法を実践する複数の先生に執筆をお願いすることになる、というのが理由でした。

　読んでいただくとお感じになられるように、同じPCAGIP法であってもそのグループの運営の仕方やその雰囲気が先生によって少しずつ違っています。実はそれが大事だと私たちは考えています。PCAGIP法で事例提供者と参加者がそれぞれの個人的な感じ方を伝えて事例理解を深めていくのと同じように、PCAGIP法そのものの運営もそれぞれの個性が活かされるようであってほしいし、それこそがPCAGIP法だと考えています。つまり、グランドルールがわずかしかないPCAGIP法では、そうした個性やヴァリエーションが表に出てきやすいように思います。お読

# あとがき

みになった方が、執筆者によって異なる雰囲気を感じとって、それぞれ独自のやり方を創造していただくことを願っています。本書の出版が決まった後でも、創案者の村山先生でさえ、少しずつマイナーチェンジ、微調整を加えて来ておられます。職人さんがさらなる高みを目指して、技を磨き工夫を重ねるのと事情は同じです。

　一方で、PCAGIP法はもともと、村山先生の40年にもわたる豊富なエンカウンター・グループや、数多くの対人援助職者教育の試行錯誤の経験から出てきたものです。PCAGIP法のちょっとした細部にもその膨大な経験が背後にあります。原法に込められたその経験をまずはじっくりと味わっていただけるようにと本書は編まれました。私は年に2、3回、先生にお会いする機会があるのですが、お会いするたびに先生がグループ参加者からのフィードバックとともに目の輝きなどの非言語的な表出を熟考し、PCAGIP法の細部を練り上げていく過程を何度も聞かせていただきました。

　執筆いただいた先生方には、執筆の依頼も校正の依頼もいつも性急だったのにもかかわらずご快諾いただきありがとうございました。また、企画の紆余曲折や執筆の滞りなどにもかかわらず粘り強く支えていただき、より良い本になるようにと秀逸なアイデアをいろいろ提供してくださった創元社編集部の渡辺明美さんと小林晃子さんに心よりお礼申し上げます。お2人からの電子メールは深夜に届くことが多かった印象があります。激務とは存じますがお身体に気をつけてよいお仕事を続けてください。どうもありがとうございました。

　平成24年6月22日（University of StrathClyde, Glasgowにて）

中田行重

# 執筆者紹介

(順不同)

### 浦野俊美（うらの　としみ）

1999年、兵庫教育大学大学院学校教育研究科修士課程修了。学生相談室相談員などを経て、「はりま心理オフィス101」を開業。臨床心理士。論文「学生相談における高機能広汎性発達障害を持つ青年への支援」ほか。

▶自己紹介／宝石よりも思いやりが、大理石よりも木の温もりが好きな私は、どんどん新しい出会いに恵まれる。不思議とみな似たもの同士で、時とともに、それぞれ好みがよりはっきりしてくるらしい。

### 押江　隆（おしえ　たかし）

2012年、関西大学大学院心理学研究科博士後期課程修了。現在、西南学院大学人間科学部准教授。著書『コミュニティ臨床への招待』（共著、新曜社）、論文「地域における無目的志向のフリースペース活動の意義」ほか。

▶自己紹介／権力にまるで興味のない甲斐性なし。よりよいコミュニティづくりに貢献し、人々と共に生きていきたい。心理臨床だけでなくオープンソースソフトウェアのコミュニティにも関心がある。自由で開かれた支えあいのコミュニティを目指して東へ西へ。

### 成田有子（なりた　ゆうこ）

2009年、愛知学院大学大学院心身科学部心理学科修了。臨床心理士。公認心理師。株式会社ユナイト代表取締役。

▶自己紹介／個人も組織も、よどみを解消して本来の流れを取り戻せば、もっともっと輝くと信じています。ファシリテーターとして、そのお手伝いをさせていただけることが喜びです。

✤編著者

### 村山正治（むらやま　しょうじ）

1963年、京都大学大学院教育学研究科博士課程修了。現在、九州大学名誉教授・東亜大学名誉教授。著書『ロジャースをめぐって』（金剛出版）ほか多数。論文「PCAグループの現状と今後の展望」ほか。

▶自己紹介／私は、パイオニア、ネットワーカー、種まき屋である。個人心理治療から、エンカンター、フォーカシング、スクールカウンセリングなど関係した領域で、結果として多彩な花の開花を眺めるのは楽しいことである。大学院職は共創がしやすい。

### 小坂淑子（こさか　よしこ）

2009年、東京成徳大学大学院心理学研究科修士課程修了。2020年、大正大学大学院人間学研究科博士後期課程修了。精神科クリニック、学校、若者支援、学生相談等で臨床心理士として勤務。

▶自己紹介／ひとが生きていることの喜びを味わったり、こころを育んだりする作業の道連れでありたいなあといつも思っています。最近は、アート表現や創造的であることにも関心をもっています。

執筆者紹介

### 渡辺　隆（わたなべ　たかし）

1972年、立命館大学文学部卒業。元NPO法人愛知カウンセリング協会理事。現在、カウンセリングルーム「なべさん」主宰。著書『こころを聴く』（共著、愛知カウンセリング協会）。
▶自己紹介／私は、一粒の種である。九重のエンカウンターで村山先生と出会い、「播磨の杜の会」のワークショップで小さな花を咲かすことが出来た。人とのつながりを大切にして、学び続けたい。

### 樋渡孝徳（ひわたし　たかのり）

2012年、九州大学大学院人間環境学府博士後期課程単位取得満期退学（博士）。現在、九州産業大学人間科学部臨床心理学科講師。
▶自己紹介／臨床に限らずあれこれやっています。「心を心に非ずと知る時に初めて心と心の働きが解る」という禅の言葉を大切にして日々生きています。

❖編著者

### 中田行重（なかた　ゆきしげ）

1992年、九州大学大学院博士後期課程修了。現在、関西大学人間健康学部教授。博士（学術）。著書『臨床現場におけるパーソン・センタード・セラピーの実務』（創元社）ほか。訳書『「深い関係性」がなぜ人を癒すのか』（共訳、創元社）。
▶自己紹介／年を取り、意欲と能力のある院生と出会う時間も残り少なくなり、真剣にPCAを学びたいという人がいたら共に学びたい、という欲求が高まっています。忙しくて京都のあるクリニックでの非常勤カウンセリングが唯一の臨床の場です。

### 日笠摩子（ひかさ　まこ）

1985年、東京大学大学院博士課程修了。大正大学名誉教授。著書『セラピストのためのフォーカシング入門』（金剛出版）、『フォーカシング・ワークブック』（共著、日本・精神技術研究所）ほか。
▶自己紹介／発達心理学から出発し、ご縁に従って学生相談からフォーカシングに出会い、長年大正大学で臨床心理学を教えていました。フォーカシングの支えとそこに関わる人たち（村山先生を始めとして）との交流と励ましによって充実した仕事をすることができました。

### 森川友子（もりかわ　ゆうこ）

1997年、九州大学大学院教育学研究科博士後期課程単位満了退学、2005年、博士（学術）。現在、九州産業大学人間科学部臨床心理学科教授。臨床心理士。公認心理師。著書『フォーカシング健康法──こころとからだが喜ぶ創作ワーク集』（編著、誠信書房）。
▶自己紹介／趣味は樹に触ること、特技は目の前に座った人の「気」を拝受すること、このような寄生虫にとっては、大学に勤務し様々な人の研究の芽に触れられるのは、有難いことです。

## 新しい事例検討法 PCAGIP入門
### パーソン・センタード・アプローチの視点から

2012年8月10日　第1版第1刷発行
2025年1月30日　第1版第11刷発行

編著者……村山正治・中田行重

発行者……矢部敬一

発行所……株式会社 創元社
https://www.sogensha.co.jp/
本社　〒541-0047 大阪市中央区淡路町4-3-6
Tel.06-6231-9010　Fax.06-6233-3111
東京支店　〒101-0051 東京都千代田区神田神保町1-2 田辺ビル
Tel.03-6811-0662

印刷所……株式会社 太洋社

©2012, Printed in Japan
ISBN978-4-422-11543-6 C3011

落丁・乱丁のときはお取り替えいたします。

JCOPY 〈出版者著作権管理機構 委託出版物〉
本書の無断複製は著作権法上での例外を除き禁じられています。複製される場合は、そのつど事前に、出版者著作権管理機構（電話03-5244-5088、FAX 03-5244-5089、e-mail: info@jcopy.or.jp）の許諾を得てください。

本書の感想をお寄せください
投稿フォームはこちらから ▶▶▶